PRACTICE OF PUTTING STOCK ASSETS TO
GOOD USE BY THE GOVERNMENT

政府
盘活存量资产
实务

梁学栋　郑世红　高　明◎著

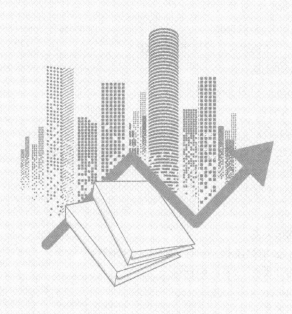

经济管理出版社
ECONOMY & MANAGEMENT PUBLISHING HOUSE

图书在版编目（CIP）数据

政府盘活存量资产实务／梁学栋，郑世红，高明著. —北京：经济管理出版社，2023.10
ISBN 978-7-5096-9377-3

Ⅰ.①政⋯　Ⅱ.①梁⋯ ②郑⋯ ③高⋯　Ⅲ.①地方政府—政府投资—研究—中国
Ⅳ.①F832.48

中国国家版本馆 CIP 数据核字（2023）第 204935 号

组稿编辑：王光艳
责任编辑：王光艳
责任印制：许　艳
责任校对：徐业霞

出版发行：经济管理出版社
　　　　　（北京市海淀区北蜂窝 8 号中雅大厦 A 座 11 层　100038）
网　　址：www. e-mp. com. cn
电　　话：（010）51915602
印　　刷：北京市海淀区唐家岭福利印刷厂
经　　销：新华书店
开　　本：720mm×1000mm /16
印　　张：13.5
字　　数：224 千字
版　　次：2023 年 11 月第 1 版　　2023 年 11 月第 1 次印刷
书　　号：ISBN 978-7-5096-9377-3
定　　价：88.00 元

编 委 会

编　委（按姓氏笔画排序）

弋　理　王永红　王　燊　邓夏扬　代秋萍

刘　锐　李　阅　杨　洁　张国昊　张　霞

罗澜月　周劼兮　周晟贤　郑世红　柴鑫涛

高　明　高雅澜　唐为之　唐　玲　唐道林

龚小亚　梁学栋　蒋　红　詹雯婷　雍　莎

肇启伟

前言

PREFACE

经过多年的投资建设，我国已经形成规模庞大的基础设施资产，但同时也积累了不少的地方政府债务，依靠地方政府举债进行大规模基础设施建设的模式难以为继。随着"土地财政"模式的打破、减税降费等措施的实施，地方政府收入下行压力加大。面对新增基础设施建设的大量资金需求，部分地方政府陷入投资困局。

《中华人民共和国国民经济和社会发展第十四个五年规划和2035年远景目标纲要》(以下简称"十四五"规划)提出："规范有序推进政府和社会资本合作(PPP)，推动基础设施领域不动产投资信托基金(REITs)健康发展，有效盘活存量资产，形成存量资产和新增投资的良性循环。"《国务院办公厅关于进一步盘活存量资产扩大有效投资的意见》(国办发〔2022〕19号)进一步明确："有效盘活存量资产，形成存量资产和新增投资的良性循环，对于提升基础设施运营管理水平、拓宽社会投资渠道、合理扩大有效投资以及降低政府债务风险、降低企业负债水平等具有重要意义。"有效盘活存量资产，形成存量资产和

I

新增投资的良性循环，成为地方政府破局的关键。通过盘活存量资产，切实提高现有资产使用效益，这一举措深入贯彻党的二十大精神，着力推动高质量发展，为促进经济社会发展奠定更加坚实的物质基础。

盘活存量资产的模式包括基础设施领域不动产投资信托基金、政府和社会资本合作、产权交易、兼并重组等。从适用广泛性和盘活效果的角度看，基础设施领域 REITs 和 PPP 这两种模式更具优势。

PPP 模式下的"移交—经管—移交"（TOT）模式将具备长期稳定经营性收益的存量项目经营权有偿转让给社会资本，社会资本方通过创新运营模式、引入先进技术，提升资产运营效率。在该模式下，地方政府获得转让价款，用于新建项目资本金投资，从而有效带动增量投资，形成"盘活存量—投资增量—再次盘活"的良性循环。PPP 与资产证券化（ABS）进一步结合，可以搭建 PPP+Pre-ABS/资产支持票据（ABN）+储架式 ABS 模型，打通基础设施领域募—投—管—运—退全流程，有助于地方政府获得发展所需资金、社会资本获得优质投资标的、金融机构获得稳定收益标准化资产，充分实现三方共赢。

基础设施领域 REITs 模式下地方国有企业以基础设施领域存量资产发行 REITs，可以在不增加债务的情况下提前收回投资，从而在整体上降低宏观杠杆率。基础设施 REITs 在有效盘活存量资产、优化融资结构、加速资金循环、拉动区域经济等方面发挥了重要的作用，彰显对实体经济的重要价值。

国内基础设施 REITs 仍处于前期试点阶段，一个产品的上市发行需要经过各级发展和改革委员会、交易所、证监会的审核，即使在基础设施项目优质的前提下，也需要一年的筹备和申报时间。而对于一些具有良好潜力但尚未达到基础设施 REITs 申报标准的基础设施项目而言，则需要更长时间的培育。Pre-REITs 作为 REITs 生态的前端环节，在基础设施项目的前期建设和培育阶段通过对资产的管理创造价值，最终将资产发行或装入 REITs。Pre-REITs 较早在美国、新加坡等市场运作，对各地 REITs 发展起到了重要的推动作用。

自 2016 年起，笔者及团队一直从事盘活政府存量资产理论研究及实践工作，具体包括：主导投资了超 30 亿元的存量资产 PPP 项目；牵头实施全国首单停车场 PPP 资产证券化项目、全国首单储架式 PPP 资产证券化项目、全国首单停车场 PPP+ABN 项目；在基础设施 REITs 方面，笔者及团队作为四川省发展和改革委员会的专家团队成员为省内资产筛选及项目推进建言献策。

本书旨在助力地方政府破解投资困局，从分析地方政府投资困局成因出发，提出有效盘活存量资产、形成存量资产和新增投资的良性循环是当下破局的关键；并从实操的角度全面梳理政府存量资产及其盘活方式，深入剖析 PPP+ABS 及境内外 REITs 案例，对 PPP+ABS 及基础设施 REITs 这两种盘活存量资产的重要方式的概念、流程及要点进行重点介绍；同时结合目前地方政府存量资产的实际和基础设施 REITs 要求之间的差距，提出地方政府可通过 Pre-REITs 的方式开发、改造或培育资产再发行 REITs，促进更多地方政府盘活存量资产，以达到进一步拓宽社会投资渠道、扩大有效投资、降低政府债务风险和企业负债水平以及提升基础设施运营管理水平的目的。

本书适合政府投融资等相关领域企事业单位工作人员、银行等金融机构从业人员阅读与参考。本书深入浅出、逻辑清晰地将理论讲解与案例分析相结合，既适合作为行业初入者的学习资料，也可以作为行业领导者的常备手册。

本书受四川省重点研发计划"城市建设数字治理体系与工程智能监

管关键技术的研究与应用"（项目号：2023YFG0134）资助。此外，本书在编写过程中，为保证内容全面与实用，参考了大量相关文献，在此向文献作者表示感谢。

梁学栋　郑世红　高明
2023 年 10 月

<<目 录
CONTENTS

I

ACTIVATE

THE STOCK OF

ASSETS

我国部分地方政府在多年的投资过程中逐渐陷入困局：经过多年投资建设形成的基础设施资产未被有效盘活，无法为投资提供增量资金，但新增基础设施建设又面临较大的资金需求，基础设施投资处于一个需要财政资金持续从外部输血的非闭环生态。

"十四五"规划提出："规范有序推进政府和社会资本合作（PPP），推动基础设施领域不动产投资信托基金（REITs）健康发展，有效盘活存量资产，形成存量资产和新增投资的良性循环。"有效盘活存量资产，形成存量资产和新增投资的良性循环，对于提升基础设施运营管理水平、拓宽社会投资渠道、合理扩大有效投资以及降低政府债务风险、降低企业负债水平等具有重要意义。在财政收入增速逐年放缓的趋势下，有效盘活存量资产，形成存量资产和新增投资的良性循环，成为破局的关键。

第一节　地方政府投资困局分析

财政自给率①可以用来衡量地方政府的财政健康程度，粤开证券研究院将财政自给率高的城市分为两种：一种是经济发达、财政收入高、财政实力强的城市，如杭州、上海等；另一种是财政收入相对较低，但由于当地人口流出，财政支出也较低，推动财政自给率升高的城市，如青海、西藏等。通常情况下，财政自给率越高表明地方政府财政平衡能力越强，若财政自给率超过 100%，即财政收入超过支出，财政相对自给自足，则表明财政状况较为健康。近年来，财政收入增速低于支出增速，再加上 2016 年营业税改增值税后地方失去了营业税这一主体税种，导致地方财政自给率持续下降。2022 年 1~6 月，全国各省（自治区、直

---

① 财政自给率是指一般公共预算收入占一般公共预算支出的比重。

辖市)(不包括港澳台地区)中上海财政自给率最高,达到99.50%;除上海外,财政自给率超过70%的省(自治区、直辖市)仅有浙江、北京及福建;财政自给率超过60%的省(自治区、直辖市)中有八成位于东部地区,而财政自给率低于40%的省(自治区、直辖市)中有七成位于西部地区,甘肃、青海和西藏的财政自给率甚至不足20%。

2022年1~6月各省(自治区、直辖市)(不包括港澳台地区)财政收支情况如表1-1所示。

表1-1　2022年1~6月各省份财政收支情况

省份	财政收入(亿元)	财政支出(亿元)	财政盈余(亿元)	财政自给率(%)
上海	3795	3813	-18	99.50
浙江	4984	6236	-1252	79.90
北京	2991	3961	-970	75.50
福建	1960	2729	-769	71.80
广东	6730	9642	-2912	69.80
天津	869	1280	-411	67.90
山西	1823	2727	-904	66.90
山东	3950	6059	-2109	65.20
江苏	4639	7132	-2493	65.00
内蒙古	1576	2783	-1207	56.60
陕西	1719	3507	-1788	49.00
河北	2381	4911	-2530	48.50
江西	1752	3726	-1974	47.00
辽宁	1335	2951	-1616	45.20
安徽	1934	4488	-2554	43.10
海南	439	1037	-598	42.30
重庆	1019	2427	-1408	42.00
河南	2362	5732	-3370	41.20
湖北	1787	4395	-2608	40.70
四川	2479	6173	-3694	40.20
湖南	1590	4460	-2870	35.70
新疆	911	2934	-2023	31.00

续表

省份	财政收入(亿元)	财政支出(亿元)	财政盈余(亿元)	财政自给率(%)
贵州	889	2949	−2060	30.10
宁夏	232	875	−643	26.50
广西	858	3369	−2511	25.50
黑龙江	655	2677	−2022	24.50
云南	868	3707	−2839	23.40
吉林	379	1722	−1343	22.00
甘肃	446	2285	−1839	19.50
青海	133	987	−854	13.50
西藏	76	1062	−986	7.20

注：表中省(自治区、直辖市)不包括港澳台地区。
资料来源：各省(自治区、直辖市)财政厅(局)官网。

一、基础设施领域形成大批存量资产

经过多年投资建设，我国在能源、交通、水利、环保、市政工程等领域形成了一大批存量资产。根据国家统计局对基础设施投资的定义和数据测算，仅 2010~2020 年我国基础设施累计投资就超过 100 万亿元，如果按照65%的固定资本形成率计算，将形成大约 70 万亿元的存量资产。

根据国家发展和改革委员会发布的数据，截至 2021 年底，我国综合交通网总里程突破 600 万千米，220 千伏及以上输电线路达到 84.3 万千米，光缆线路总长度达到 5481 万千米，分别相当于 10 年前的 1.3 倍、1.7 倍和 3.7 倍，形成了超大规模网络。高速铁路对百万人口以上城市覆盖率超过 95%，高速公路对 20 万以上人口城市覆盖率超过 98%，民用运输机场覆盖 92%左右的地级市。高速公路实现"一张网"运行，全国10 余座自动化码头建成投运，数字航道基本覆盖长江、西江干线。农村公路 10 年间净增 90 多万千米，农村供电网络不断优化提升，农村自来水普及率提高至 84%左右。

截至 2021 年底，我国布局建设的 77 个国家重大科技基础设施中，32 个已建成运行。轨道交通方面，截至 2021 年 6 月，全国共有 48 个城市开通运营了城市轨道交通，投入运营的线路有 245 条，运营总里程达 7957 千米。全国运营、在建和规划的各类物流园区超过 1600 个，国家示范物流园区 56 个，国家物流枢纽 23 个。

二、新增基础设施需要持续资金投入

作为拉动内需的根本动力，稳投资是保持经济增长的重要力量。我国在交通、能源、水利和新型基础设施等领域已经取得颇多历史性成就，但各级城市，包括北京、上海这样的头部城市，仍存在市政基础设施短缺的情况。因此，加快基础设施建设仍是促进当前经济增长、打牢长远发展基础的重要举措。

"十四五"规划提出，推进既促消费惠民生又调结构增后劲的新型基础设施、新型城镇化、交通水利等重大工程建设。面向服务国家重大战略，实施川藏铁路、西部陆海新通道、国家水网、雅鲁藏布江下游水电开发、星际探测、北斗产业化等重大工程，推进重大科研设施、重大生态系统保护修复、公共卫生应急保障、重大引调水、防洪减灾、送电输气、沿边沿江沿海交通等一批强基础、增功能、利长远的重大项目建设。

城市基础设施是保障城市正常运行和健康发展的物质基础，也是实现经济转型的重要支撑、改善民生的重要抓手、防范安全风险的重要保障。构建系统完备、高效实用、智能绿色、安全可靠的现代化基础设施体系，对更好地推进以人为核心的城镇化，畅通国内大循环、促进国内国际双循环，扩大内需，推动高质量发展具有重大意义，也是确保"十四五"时期城市社会经济全面、协调、可持续发展开好局、起好步的重要基础。

"十三五"期间城市基础设施领域发展不平衡、不充分的问题仍然突出，体系化水平、设施运行效率和效益有待提高，安全韧性不足。"十四五"时期，将以建设高质量城市基础设施体系为目标，以整体优化、协同融合为导向，从以增量建设为主转向存量提质增效与增量结构调整并重，响应碳达峰、碳中和目标要求，统筹系统与局部、存量与增量、建设与管理、灰色与绿色、传统与新型城市基础设施协调发展，推进城市基础设施体系化建设，推动区域重大基础设施互联互通，促进城乡基础设施一体化发展，同时完善社区配套基础设施，打通城市建设管理"最后一公里"，保障居民享有完善的基础设施配套服务体系。

《"十四五"全国城市基础设施建设规划》提出了"十四五"时期城市基础设施建设的主要目标、重点任务、重大行动和保障措施。表1-2为"十四五"期间城市基础设施主要发展指标。

表 1-2 "十四五"期间城市基础设施主要发展指标

序号	类别	发展指标	2020 年现状	2025 年目标
1	综合类	城市基础设施建设投资占全社会固定资产投资比重（%）	6.65	≥8
2		城市地下管网普查归档率（%）	—	100
3		绿色社区建设比例（%）	—	≥60
4	交通系统	城市建成区路网密度（千米/平方千米）	7.07	≥8
5		轨道站点 800 米半径覆盖通勤比例（%）	超大城市 26 特大城市 17 大城市 8	超大城市≥30 特大城市≥20 大城市≥10
6	水系统	城市公共供水管网漏损率（%）	—	≤9
7		城市生活污水集中收集率（%）	64.80	≥70
8		缺水城市再生水利用率（%）	20 左右	地级及以上缺水城市≥25 京津冀地区≥35 黄河流域中下游≥30
9		城市污泥无害化处置率（%）	地级及以上城市 90 左右	≥90 其中地级及以上城市≥95
10	能源系统	城市供热管网热损失率（%）	平均 20	较 2020 年降低 2.5 个百分点
11		城镇管道燃气普及率（%）	75.7*	大城市及以上规模城市≥85 中等城市≥75 小城市≥60

续表

序号	类别	发展指标	2020年现状	2025年目标
12	环卫系统	城市生活垃圾回收利用率(%)	—	≥35
13		城市生活垃圾焚烧处理能力占比(%)	58.9	≥65(西部地区≥40)
14		城市生活垃圾资源化利用率(%)	51.2*	≥60
15		城市建筑垃圾综合利用率(%)	—	≥50
16	园林绿化系统	城市绿地率(%)	38.24	≥40
17		城市万人拥有绿道长度(千米)	—	≥1.0
18		城市公园绿化活动场地服务半径覆盖率(%)	—	≥85
19	信息通信系统	市政管网管线智能化监测管理率(%)	—	直辖市、省会城市和计划单列市≥30地级以上城市≥15
20		5G用户普及率(%)	小于1*	≥56
21		城市千兆光纤宽带用户占比(%)	0.16*	≥10

注:①城市规划分标准依据《国务院关于调整城市规划分标准的通知》(国发〔2014〕51号)。城区常住人口50万人以下的城市为小城市,城区常住人口50万人以上100万人以下的城市为中等城市,城区常住人口100万人以上500万人以下的城市为大城市,城区常住人口500万人以上1000万人以下的城市为特大城市,城区常住人口1000万人以上的城市为超大城市。②根据《中共中央 国务院关于新时代推进西部大开发形成新格局的指导意见》,西部省(自治区、直辖市)包括内蒙古、广西、重庆、四川、贵州、云南、西藏、陕西、甘肃、青海、宁夏和新疆。③路网密度统计范围包括居住区内主要道路。④带*的为2019年数据。⑤上述发展指标和2025年目标值均为预期性数据。

综上所述,不论是在传统的市政、交通运输领域,还是在新基建领域,中国的基础设施建设仍需要持续的资金投入。

三、多种因素导致财政收入增速放缓

随着中国经济进入新常态,经济增长速度由高速转为中高速。相应地,我国财政收支特征发生了重大变化。2011~2021年国家财政收入支出情况如表1-3所示。

表1-3　2011～2021年国家财政收入支出情况

年份	国家财政收入（亿元）	财政收入增速（%）	国家财政支出（亿元）	税收收入（亿元）	增值税（亿元）	个人所得税（亿元）	企业所得税（亿元）
2011	103740	24.8	108930	89720	24267	6054	16760
2012	117210	12.8	125712	100601	26416	5820	19654
2013	129143	10.1	139744	110497	28803	6531	22416
2014	140350	8.6	151662	119158	30850	7377	24632
2015	152217	8.4	175768	124892	31109	8618	27125
2016	159552	4.5	187841	130354	40712	10089	28850
2017	172567	7.4	203330	144360	56378	11966	32111
2018	183352	6.2	220906	156401	61529	13872	35323
2019	190382	3.8	238874	157992	62346	10388	37300
2020	182895	-3.9	245588	154310	56791	11568	36424
2021	202539	10.7	246322	172731	63519	13993	42041

资料来源：财政部统计数据。

　　2013年后全国财政收入增速下滑至个位数增长阶段，国家财政收入增速由2010年的21.3%下降至2014年的8.6%，随后又进一步下降至2019年的3.8%。受新冠疫情影响，2020年全国一般公共预算收入同比下降3.9%。2012～2021年国家财政收入增速如图1-1所示。

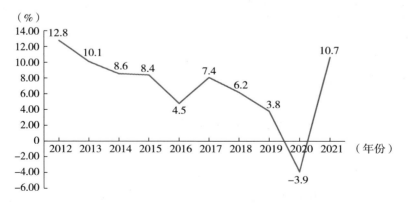

图1-1　2012～2021年国家财政收入增速

资料来源：财政部统计数据。

在住房不炒、减税降费以及新冠疫情的影响下，短时间内财政收入增速低水平趋势较难扭转。

（一）土地财政格局被打破

按照早期的设计，住房改革实行双轨并行的体制，为中低收入居民提供保障性住房，为高收入居民提供商品住房。但在实行过程中，商品房比重越来越大，保障性住房受到挤压。2000 年以后，商品房用地的收入成为地方政府重要的收入来源，从此进入了土地财政时期。

伴随城市化快速发展，土地收入越来越高。1998 年，全国国有土地出让成交价款约 500 亿元，相当于当年地方财政预算收入的 10%。此后土地出让收入高速膨胀：2001 年为 1300 亿元，接近地方财政收入的 17%；2011 年为 3.3 万亿元，相当于地方财政收入的 63%；2021 年为 8.7 万亿元，相当于地方财政收入的 78%。2001～2021 年，现价国内生产总值（GDP）年均增长 12.4%，现价全国财政收入年均增长 13.4%，而土地出让收入年均增长 23.4%，远超过了经济增长率和财政收入增长[1]。

由于地价、房价不断上涨，土地似乎成了取之不尽、用之不竭的财源。随着土地资源商品化、资本化，地方政府的土地收入在过去的经济建设中起了巨大的作用，推动了城市建设和基础设施快速发展与完善，在过去 20 年间对保持我国经济快速增长的作用不可忽视。但土地财政带来的负面影响也不容忽视：其一，随着地价不断上涨，房价迅速上升，普通百姓购房、租房负担越来越重；其二，部分农民合法权益受到侵犯；其三，地价、房价的持续畸形上涨一定程度上扭曲了国民财富分配格局；其四，地价、房价持续上涨和相关的金融扩张导致越来越大的金融风险。资产泡沫和金融泡沫促使经济继续脱实向虚，对实体经济发展产生挤压作用，并形成了巨大的风险。

2016 年底，中央经济工作会议首次提出，"房子是用来住的，不是用来炒的"。此后，房地产相关部门陆续出台了与之相配套的政策，涉及房企融资、购房者信贷等方面。

---

① 据财政部、自然资源部（原国土资源部）、国家统计局公布数据计算。

"住房不炒"的定位强化住房的居住功能，弱化住房的金融属性，严防房地产过度金融化、泡沫化。在"住房不炒"的大背景下，加之陆续出台的"三道红线"等政策，房地产市场整体呈疲软态势，与之相伴的是土地出让收入增速大幅下降：2022年上半年地方政府性基金收入骤降29.7%。2011~2021年政府性基金收入情况如表1-4所示。

表1-4 2011~2021年政府性基金收入情况

年份	全国政府性基金收入（亿元）	增速（%）	地方政府性基金收入（亿元）	增速（%）	国有土地使用权出让收入（亿元）	增速（%）
2011	41360	12.4	38234	13.8	33166	13.9
2012	37517	-9.3	34204	-10.5	28517	-14.0
2013	52239	39.2	48007	40.3	41250	44.6
2014	54093	3.5	49996	4.1	42606	3.2
2015	42330	-21.8	38218	-23.6	32895	-22.8
2016	46619	11.9	42441	12.9	37457	15.1
2017	61462	34.8	57637	37.3	52059	40.7
2018	75405	22.6	71372	23.8	65096	25.0
2019	84516	12.0	80476	12.6	72584	11.4
2020	93489	10.6	89927	11.7	84142	15.9
2021	98024	4.8	93936	4.5	87051	3.5

资料来源：财政部统计数据。

2012~2021年国有土地使用权出让收入增速如图1-2所示，2011~2021年地方政府性基金收入及国有土地使用权出让收入走势如图1-3所示。

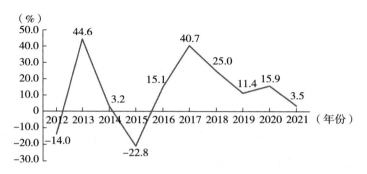

图1-2 2012~2021年国有土地使用权出让收入增速

资料来源：财政部统计数据。

图1-3 2011~2021年地方政府性基金收入及国有土地使用权出让收入走势
资料来源：财政部统计数据。

（二）实施多项减税降费措施

面对经济下行压力，减税降费是实施积极的财政政策、支持市场主体纾困和发展的关键举措。财政部统计数据显示，"十三五"以来的6年间，我国累计新增减税降费规模超8.6万亿元。2021年我国新增减税降费约1.1万亿元，超过年初确定的目标，有效减轻了市场主体负担。

自2021年底以来，国务院常务会议多次部署2022年的减税降费具体措施。2021年12月举行的中央经济工作会议明确，2022年要实施更大力度的减税降费政策。2022年2月22日举办的国务院新闻发布会表明，在2021年新增1.1万亿元减税降费的基础上，2022年将实施更大规模的减税降费，进一步优化财政支出结构，落实"过紧日子"要求，同时加强对基本民生、重点领域、地方特别是基层的财力保障。随着一系列部署，新一轮减税降费措施逐步明确，围绕中小微企业、个体工商户和制造业等重点行业，坚持以阶段性政策为主，与制度性措施相结合，加大减税降费力度。2022年退税减税的规模将达历史新高，约2.5万亿元；政策发力更加精准，制造业等6个行业的退税减税规模将达1万亿元，中小微企业和个体工商户受益受惠规模也将超1万亿元。此外，增值税留抵退税是2022年减税降费的主要措施，通过提前退还尚未抵扣的税款，直接为市场主体提供现金流约1.5万亿元。与此同时，中央财政大幅增加对地方的转移支付，帮助地方缓解减收压力，保障减税降费政策落地生效。

2022年新的组合式税费支持政策，既有阶段性措施，又有制度性安排；既有减免政策，又有缓缴、退税措施；既有普遍适用的减负政策，又有特定领域专项帮扶措施；既有延续性安排，又有新增部署；既有中央统一实施的政策，又有地方依法自主实施的措施，呈现出全面发力、多点突破的特点。新出台和延续实施的税费支持政策如表1-5所示。

表1-5 新出台和延续实施的税费支持政策

分类	具体政策
新出台的税费支持政策	2022年增值税期末留抵退税政策
	中小微企业设备器具所得税税前扣除政策
	航空和铁路运输企业分支机构暂停预缴增值税政策
	公共交通运输服务收入免征增值税政策
	3岁以下婴幼儿照护个人所得税专项附加扣除政策
	增值税小规模纳税人免征增值税政策
	科技型中小企业研发费用加计扣除政策
	快递收派服务收入免征增值税政策
	减征部分乘用车车辆购置税政策
	小微企业"六税两费"减免政策
	小型微利企业减免企业所得税政策
	制造业中小微企业延缓缴纳部分税费政策
	阶段性缓缴企业社会保险费政策
延续实施的税费支持政策	重点群体创业税费扣减政策
	吸纳重点群体就业税费扣减政策
	自主就业退役士兵创业税费扣减政策
	吸纳退役士兵就业税费扣减政策
	科技企业孵化器等免征房产税、城镇土地使用税和增值税政策
	高校学生公寓免征房产税、印花税政策
	城市公交站场等运营用地免征城镇土地使用税政策

续表

分类	具体政策
延续实施的税费支持政策	农产品批发市场、农贸市场免征房产税、城镇土地使用税政策
	从事污染防治的第三方企业减免企业所得税政策
	商品储备免征印花税和房产税、城镇土地使用税政策
	制造业中小微企业延缓缴纳 2021 年第四季度部分税费政策
	生产、生活性服务业增值税加计抵减政策
	创业投资企业和天使投资个人有关税收优惠政策
	全年一次性奖金个人所得税优惠政策
	上市公司股权激励个人所得税优惠政策
	外籍个人津补贴个人所得税优惠政策
	阶段性降低失业保险、工伤保险费率政策

资料来源:《2022 年新的组合式税费支持政策指引》。

　　全面实施减税降费措施在减轻企业税负、释放经济发展活力的同时,给地方财政带来一定的影响,地方政府财政收支平衡压力增大。实施减税降费政策减轻了企业的税务负担,起到了助力地方经济发展的积极作用,从理论层面上分析,可带动财政税收增长,但增长数量难以弥补政策实施带来的财政税收降低。新一轮减税降费政策实施后,很多地方政府的财政税收收入有所下降,主要体现在增值税与所得税方面。2016~2020 年,我国地方财政税收收入情况如表 1-6 及图 1-4 所示。

表 1-6　2016~2020 年地方财政税收收入情况　　单位:亿元

年份	地方财政税收收入	地方财政国内增值税	地方财政企业所得税	地方财政个人所得税
2016	64691.69	18762.61	10135.58	4034.92
2017	68672.72	28212.16	11694.50	4785.64
2018	75954.79	30777.45	13081.60	5547.55
2019	76980.13	31186.90	13517.75	4154.34
2020	74668.06	28438.10	13168.28	4627.27

资料来源:国家统计局。

图 1-4　2016～2020 年地方财政税收收入

资料来源：国家统计局。

第 二 节　破 局 的 关 键

　　加大存量资产盘活力度、形成投资良性循环、推动投资内生增长是破除地方政府投资困局的关键。形成存量资产与新增投资的良性循环有利于吸引具有较强运营能力的社会资本，提高基础设施项目管理水平，降低运营成本；有利于更好地吸引社会资本进入基础设施领域，拓宽社会投资渠道，合理扩大有效投资；有利于拓宽基础设施建设资金来源，减轻地方政府债务负担；有利于持有基础设施资产的企业通过发行资产支持证券、基础设施不动产投资信托基金（Real Estate Investment Trusts，REITs）等产品优化资产结构，降低负债水平。

一、提升基础设施管理水平

　　我国基础设施领域长期存在存量资产低效使用的问题，经营单位缺乏生存忧患意识和竞争压力，导致生产、运营效率低下，技术、管理创新乏力，人员大量冗余，政府财政负担过大，经营包袱沉重等。

通过政府和社会资本合作（Public-Private-Partnership，PPP）等方式在交通能源、城市建设、生态环保、仓储物流等现金流稳定的基础设施领域引入专业运营管理机构，引入市场化、专业化投资管理理念，有利于充分挖掘资产的潜在价值，提升存量资产项目的运营管理能力和基础设施管理水平，提高投资回报水平。

二、拓宽社会投资渠道

盘活基础设施领域的存量资产可以为符合条件的社会资本进入基础设施领域拓展更大的空间，有利于实现主体多元化发展，吸引更多社会资本参与基础设施投资、建设和运营。支持银行、信托、保险、股权投资基金等多元化市场主体参与盘活存量资产，有助于拓宽项目融资渠道、拉动有效投资、拓展社会资金投资途径。

以盘活存量资产基础设施 REITs 项目为例，相比于投资新的项目，企业更适合通过基础设施 REITs 参与成熟的存量项目，既可以作为投资人参与投资公募基金，也可以作为运营管理方参与运营项目，这样就不需要承担项目建设前期工作，能够以更合适的方式在更确定的时点切入项目，更快获取项目更稳定的收益，大大降低了参与难度和投资风险。此外，基础设施领域公募 REITs 是成熟基础设施资产的上市，预期回报稳定，风险相对较低，产品流动性强，可以较好地满足很多机构投资者的投资偏好，为他们开辟了一条参与基础设施股权投资的新渠道。

三、合理扩大有效投资

有效投资是指经济体系中的投资资源能够得到合理的配置，投资产生的产出能满足社会的需要而不是形成新增存货和积压。我国基础设施投资建设主要由政府主导，这种投资力度与财政资金投入强度有较强的相关性。目前，我国的财政资金压力较大，若要在基础设施建设上再找一处增量资金，聚焦基础设施领域存量资产则成为重要的方向。将成熟的存量资产盘活，把回收的资金用于新的项目建设，新资产成熟后再通过存量资产盘活获得新的投资发展机会，形成基础设施存量资产和新增投资的良性循环，有助于提升回收资金的使用效率，扩大有效投资，产生更大的投资乘数效应，为基础设施投资与建设创造良好的环境。

四、降低政府债务风险

自 2022 年以来，我国经济发展面临"需求收缩、供给冲击、预期转弱"三重冲击，地方财政面临较大的困难和较高的风险。当前受超预期因素的持续冲击，地方经济发展面临新的下行压力和挑战，地方政府土地出让收入锐减，政府债务付息和"三保"等刚性支出压力加大，地方财政收支矛盾进一步尖锐，地方政府债务风险攀升。一些地区政府债务率畸高，防范化解重大风险面临更大且更为复杂的挑战。根据中国人民银行调查统计司数据，2015～2017 年，政府部门杠杆率合计下降 2.8 个百分点；2018～2019 年，在稳杠杆政策指导下，政府部门杠杆率相对稳定，合计上升 2.6 个百分点；为了对冲新冠疫情带来的负面影响，国家实施了一系列积极的财政政策，导致政府杠杆率上升，2021 年政府部门杠杆率为 46.6%，两年平均增长 4.0 个百分点。

与欧美等国家通过举债发放社会福利不同，中国地方政府的债务大部分投入基础设施建设领域，形成了固定资产，资产变现后可偿还相应债务。盘活基础设施领域存量资产，使政府资源和政府存量资产加快向效率高的部门流动，注重从当地发展全局和整体价值来优化资源配置，不仅是稳住经济大盘的战略性举措，而且是破解当前地方经济和财政风险困境、释放中长期经济增长动力的根本途径。发挥资本市场功能作用，通过资产证券化的方式盘活基础设施领域存量资产，有利于提高直接融资比重，降低政府杠杆率和宏观杠杆率，防范和化解地方政府债务风险，提升财政可持续发展能力。

五、降低企业负债水平

基础设施领域存量资产多、建设任务重、负债率较高的国有企业，可以把盘活存量资产作为国有资产保值增值以及防范债务风险、筹集建设资金、优化资产结构的重要手段。借助国有资本投资、运营公司的资本运作，国有企业可以加快完成低效、无效资产的处置，通过兼并重组，国有企业可以实现低效、无效资产的重新配置，同时通过向具有竞争优势的企业集中，能够带动原本低效、无效的资产向优质资产转变。企业通过发行资产支持证券、基础设施 REITs 等产品可以进一步优化资产结构，降低负债水平。

第三节　盘活存量资产的理想方式

不同属性的资产需采取不同的盘活方式，目前我国在资本市场和投资实践中，积累了 PPP、资产证券化（Asset-Backed Securitization，ABS）、基础设施 REITs、并购重组及产权交易等多种盘活存量资产的渠道和方式。从适用广泛性和盘活效果的角度出发，PPP+ABS 和基础设施 REITs 这两种模式更具优势。

一、PPP+ABS 模式概述

PPP 模式是在基础设施领域及公共服务领域建立的一种长期合作关系。它是指将政府资本（Public）和社会资本（Private）相结合，达成特许权协议，形成共同提供产品和服务、共享利益、共担风险、全程合作的合作伙伴关系。PPP 模式下的"移交—经营—移交"（TOT）模式将具备长期稳定经营性收益的存量项目经营权有偿转让给社会资本，社会资本方通过创新运营模式、引入先进技术提升资产运营效率。在该模式下，地方政府获得转让价款，用于新建项目资本金投资，从而有效带动增量投资，形成"盘活存量—投资增量—再次盘活"的良性循环。

随着 PPP 模式在交通、市政、水电等领域的推行，PPP 总投资额快速扩张，根据财政部政府和社会资本合作中心公布的数据，2014 年至

2022 年 7 月底，各地已累计签约 PPP 项目 8185 个，投资总额为 13.4 万亿元。

资产证券化是指以基础资产未来所产生的现金流为偿付支持，通过结构化设计进行信用增级，在此基础上发行资产支持证券的过程。PPP 项目资产证券化(以下简称 PPP+ABS)是指把 PPP 项目未来的现金流作为基础资产，依托项目未来收益权进行信用增级，然后发行 ABS 产品的过程。由于 PPP 项目本身的现金流较为稳定和明确，符合 ABS 对基础资产的要求，因此两者可以较好地结合。

ABS 可以从完善退出机制、盘活资本流动性、拓宽融资渠道等多个维度完善 PPP 模式：一是提供了便利的资本退出路径。当社会投资方需要提前收回初始投资时，可以将项目的未来现金流进行结构化设计，处理成不同等级和期限的 ABS 产品，借助资本市场的产品交易，社会投资方能提前退出部分初始投资。二是提高资本流动性。PPP 项目投资规模大、期限长、实物资产具有专用性，资本流动性普遍较低，PPP+ABS 可以盘活基础资产，解决自身流动性问题。三是可以拓宽融资渠道。PPP 项目的前期建设资金大多源自商业银行、信托等机构的贷款，但是项目运营周期长，与银行信贷存在一定的期限错配，需要借助 ABS 来吸引长期资金的进入。

二、基础设施 REITs 模式概述

REITs 是一种按照信托原理设计，以发行受益凭证的方式公开或非公开汇集特定多数投资者的资金，交由专门投资机构进行投资经营管理，并将投资综合收益按比例分配给投资者的金融投资产品。基础设施 REITs 实质是通过 ABS 的方式有效盘活基础设施存量资产，通过公开市场交易挖掘和实现资产的价值最大化，形成投资的良性循环，并有效地降低发行企业的资产负债率，明显地改善企业的利润水平和资本结构。地方国有企业以基础设施存量资产发行 REITs，可以在不增加债务的情况下提前收回投资，从而在整体上降低宏观杠杆率。

2020 年 4 月，证监会、国家发展改革委联合发布《关于推进基础设

施领域不动产投资信托基金（REITs）试点相关工作的通知》（证监发〔2020〕40号），对推进基础设施REITs试点的意义、基本原则、项目要求、工作安排进行了系统性指导；同年，证监会发布《公开募集基础设施证券投资基金指引（试行）》（征求意见稿），对基础设施REITs产品定义与结构、管理人与托管人胜任要求、份额发售方式、基金投资管理和监督管理五个方面进行规范，基础设施REITs进入稳步推进阶段。

基础设施REITs能够有效连接存量资产和新增投资。从本质上说，基础设施REITs是成熟资产的上市，运用基础设施REITs盘活存量资产收回的资金，可以资本金的形式投入新建项目，形成新的优质资产，而对于再投资形成的新优质资产，条件成熟时可再次运用基础设施REITs模式盘活，以此推动形成投资的良性循环。

基础设施REITs的推行能进一步提升资本市场流动性，提高社会资本参与度，从而带动经济增长，拓宽政府税源，为经济的平稳运行发挥重要作用。

第二章

政府存量资产概述

ACTIVATE

THE STOCK OF

ASSETS

经过多年投资建设，我国在基础设施领域形成了一大批存量资产，为推动经济社会发展提供了重要支撑。从理论上讲，政府资产是指由政府控制的包含经济利益或服务潜能的资源，既包括各行政单位、非营利性事业单位的相应资产，也包括使用行政事业编制或经费来源主要是国家财政拨款的社会团体的相应资产，还包括社保基金的资产等。我国基础设施存量资产达百万亿元级别，存量资产盘活市场空间广阔。同时，进一步盘活存量资产也是扩大有效投资的重要抓手。本章旨在从实操角度全面梳理政府存量资产，为后文盘活方式的介绍奠定基础。

第 一 节 　 基 本 概 念

《中国国家资产负债表 2020》将政府部门资产主要分为非金融资产和金融资产，其中将非金融资产设置为六项，包括固定资产、在建工程、存货、无形资产、国有建设用地资产和公共基础设施资产。

自 2000 年以来，政府部门的资产快速增长，从 10.4 万亿元增长到 2019 年的 200.8 万亿元，增长了 18.3 倍，同期名义 GDP 增长了 8.9 倍，资产的增长是名义 GDP 增长的 2.06 倍。非金融资产从 3.7 万亿元增至 66.6 万亿元，增长了 17 倍，其中，国有建设用地资产和公共基础设施资产的增长是非金融资产增长的主要驱动力，两者分别增长了 21.6 倍和 24.3 倍。金融资产从 6.6 万亿元增至 134.2 万亿元，增长了 19.3 倍，金融资产的增速高于非金融资产，这使金融资产在政府资产中的占比总体呈现上升趋势，资产金融化程度不断提高。由于金融资产的流动性更强，金融资产占比提升也反映出政府持有资产的流动性和可变现能力的提高。负债从 2000 年的 2.1 万亿元增至 2019 年的 38.0 万亿元，增长了

17.1 倍，增速与资产的增速基本持平，但由于负债的基数低，从水平上看仍然赶不上资产的增速，因而政府的资产净值越来越高，从 8.3 万亿元增至 162.8 万亿元，增长了 18.6 倍。

政府资产中的一部分如政府办公大楼、市政交通设施等，主要用于直接向社会提供公共产品或服务、维持政府日常运营，可称为服务性资产，基础设施资产多为服务性资产。政府资产中的另一部分如国有经济、国有土地等，主要用途是转化为可用财力，或者产生可用财力，可称为财力性资产。

第二节　主要分类

政府资产由于外延复杂和管理目标多元的特点，需要进行多重分类。首先，根据资产的价值转移方式分类，它可分为耗用性资产、资源类资产、投资类资产或其他代管资金。其次，根据资产的性质和功能分类，它可分为金融资产与非金融资产，这也是目前进行政府资产存量规模测量和核算最常用的分类方式。

一、根据资产的价值转移方式分类

根据政府资产的价值转移方式，可以将政府资产分为以下三大类。

(一)耗用性资产

这类资产是由财政资金配置形成的、为了保障政府持续性提供公共服务和管理公共事务而耗用的资产，主要通过税收、收费等法定方式获得，包括保证政府及相关机构履职所需要的资产如行政办公设施、医疗设施和教育设施等。这类资产有明确的资源配置途径，有明确的运营管理过程，也有明确的耗费、报废及更新流程，因此应全部纳入会计计量范畴，其价值计量随着实物形态或资产结构的变化而变化。

（二）资源类资产

这类资产是人类发展过程中自然形成或人为形成的可传承、可开发利用的矿产、文物文化、生态等资源类资产，包括因继承而获得的社会资源或天然形成的自然资源资产，其价值特点：一是无法获得取得价值或资源配置时的价值；二是其价值会随时间的流逝或者目标的改变而变化。其中，具有市场属性的自然生态资源可以依据会计系统确认和计量，如开发利用用于外售的矿产资源、水资源等。而不具有市场属性的自然生态资源如封山育林的林木、尚未开发的海洋资源，因为不存在交易主体和交易市场，所以难以纳入会计核算范畴进行价值计量，但是这类资产在被保护时需要计量投入，在开发时需要计量收益。

（三）投资类资产或其他代管基金

这类资产是指政府持有的、代表国家进行投资形成的、能够全面进行价值计量的各类资产，以及政府持有的、以代理人身份进行代管的各类社会保障性资金或具有专门来源和专门用途的专项资金。其中，对于企业的各项股权投资所形成的资产，政府只计量和管理投资资产，而由此形成的归各企业运营管理的具体形态的资产则由《中华人民共和国企业国有资产法》和《企业会计准则》等相关法规规范，不在政府资产管理的范畴。政府各项代管基金包括由政府相关机构受托管理的专项资金和由财政资金累积形成的各类事业基金等，这部分资产以基金形式存在，具有专门的运营管理组织和制度规范，其管理的目的在于保值增值。与其他资产相比，投资类资产或其他代管基金的价值计量体系较为完整有序，这类资产的价值符合会计计量规则，应全部纳入会计计量体系。

综上所述，目标导向下政府资产分类与价值计量模式的构成如图2-1所示。

根据统计，广义政府净资产由2000年的8万亿元上升到2009年的40万亿元，由2015年的刚刚超过100万亿元上升到2019年的162.8万亿元(见图2-2)；居民部门净资产由2000年的30.6万亿元，上升到

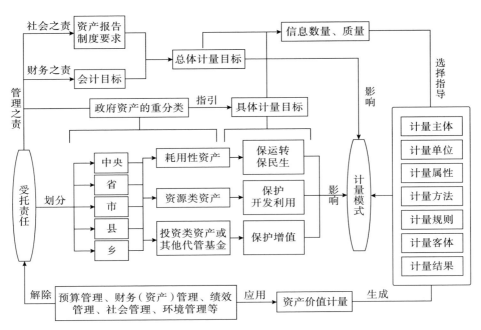

图 2-1 目标导向下政府资产分类与价值计量模式的构成

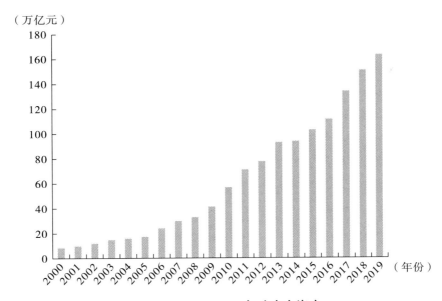

图 2-2 2000~2019 年政府净资产

资料来源：国家资产负债表研究中心。

2007 年的 100 万亿元、2011 年的 200 万亿元、2014 年的近 300 万亿元、2017 年的 400 万亿元，直至 2019 年的 512.6 万亿元。

二、根据资产性质和功能分类

按资产的性质和功能可以将政府资产分为两大类，即金融资产和非金融资产，其中非金融资产包括实物资产与无形资产。政府资产的具体内容如图 2-3 所示，以下对其进行简要的介绍和分析。

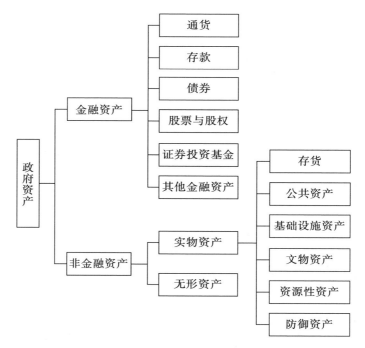

图 2-3　政府资产的分类

（一）金融资产

政府部门的金融资产包括通货、存款、债券、股票与股权、证券投资基金和其他金融资产六项。

如图 2-4 所示，金融资产占总资产的比例在 2000~2003 年呈明显下降趋势，这主要是因为这一时期非金融资产中国有建设用地资产快速上升，同时金融资产中股权在这一时期增长相对缓慢。2006年、2009~2010年非金融资产的占比下降也是国有建设用地资产的波动导致的。排除这些年份，2006年以来，金融资产占比总体在不断升高，特别是2013年以来，由于国有建设用地资产的增速下滑，金融资产占比加快提升。

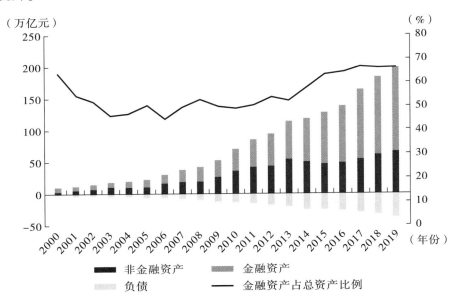

图2-4 2000~2019年中国政府部门资产负债规模变动趋势

资料来源：国家资产负债表研究中心。

（二）实物资产

实物资产通常是指既不属于金融资产也不属于无形资产的那类资产。加拿大特许会计师协会（Canadian Institute of Chartered Accountants，CICA）在其手册中认为实物资产包括财产、工厂、设备、基础设施及满足以下条件的其他可确认的资产：①资产的经济寿命超过会计期间；②在通常的运营过程中不以销售为目的；③资产的取得、建造和形成以持续使用为目的。

当评价经济政策特别是比较不同的投资策略时，良好的公共部门治理通常要考虑各种各样的政府实物资产形态。除了存货项目外，其他实物资产通常属于非流动资产。以下分别就各类实物资产进行简要介绍。

1. 存货

政府拥有的存货一般是以提供服务为目的，而不是指购买或持有的以重新销售为目的以及制造的以销售为目的的存货。政府的存货主要表现形式为可消耗物品、维修工具、战略储备物资、军需品以及为销售而持有的邮政服务供应品等。

2. 公共资产

政府的公共资产是指维持政府正常运转、向社会公众提供各种公共服务的重要实物资产，其表现形式主要是办公设备、办公大楼以及车辆等。

3. 基础设施资产

基础设施资产是指有利于提供物品和服务的固定实物资产。基础设施根据盈利前景可分为两大基本类别：一是具有商业属性的项目，通常有较大且稳定的现金流回报，具有良好的投资预期收益，可以实现商业化(或半商业化)运作；二是具有公益属性的项目，一般作为纯公共物品出现，具有非排他性，因而不能实现直接的盈利回报，只能由政府承担投资责任。政府的基础设施资产主要有道路、桥梁、隧道、排水系统、通信网络和能源网络等非流动性实物资产。

目前，《中国国家资产负债表 2020》报告估算的政府部门资产负债表中的公共基础设施资产为 9.56 万亿元，这只是全社会公共基础设施资产中的一部分，既不包括城市内部的那些商业化、企业化运作的市政公用基础设施，也未包括那些跨城市、跨省份(或者说由省政府或中央政府)投资和运营的非市政公共基础设施。综合各方面的文献，全口径的基础设施存量资产预计在 37 万亿~53 万亿元。

4. 文物资产

政府的文物资产是指具有文化、科学、历史、艺术等意义并可用于教育、展览或研究等目的的资产，其作为一种公共服务资源具有文化传承的重要意义。文物资产的财务特殊性越来越受到人们的关注，由于它并不同于普通的固定资产，即有自身的特殊性，因此需要对其进行单独规范。文物资产主要包括以下几种资产：博物馆和艺术陈列馆所持有的艺术品、古器或譬如生物及矿石标本或技术工艺类的展览品；珍稀书籍或手稿的收藏品或图书馆所持有的具有历史文化价值的相关文献资料；历史纪念物(碑)；具有独特建筑风格或重大历史意义的历史建筑物；自然风景和海岸线。

5. 资源性资产

资源性资产是社会发展的物质基础，政府的自然资源资产主要包括能源资源资产、矿产资源资产、土地资源资产、森林资源资产和水资源资产。资源性资产可以划分为两部分：资源性资产本身及与其相关的权利。一方面，当授予一项资源性资产的使用权时，服务潜能(未来的经济利益)就存在于这项权利上(实际上属于无形资产)；另一方面，当没有授予资源性资产相关的权利时，服务潜能(未来的经济利益)仍存在于资产自身。自然资源关系国计民生，是维持国民经济持续发展的重要资源，能够为社会公众带来巨大的经济、社会和环境效益。党的十八届三中全会通过的《中共中央关于全面深化改革若干重大问题的决定》中提到需要对自然资源资产负债表的编制进行探索研究，还提到对领导干部实行自然资源资产离任审计。这就要求我们将资源性资产纳入政府资产的核算范围，并采用合理的方法对其进行清晰的确认与准确的计量。

6. 防御资产

防御资产是指国防军事方面的资产，如运载火箭、载人航天飞行器、航母等。一般认为，防御资产是一种以防御为目的的非流动资产，尽管是非流动资产，但是很容易在一场军事行动或战争中被消耗。因此，防御资产也具有同其他政府实物资产一样的基本特征，同样也具有有限的使用寿命。

(三)无形资产

无形资产可区分为可辨认的无形资产和不可辨认的无形资产。可辨认的无形资产是指区别于其他资产、可以单独出售或者单独取得的无形资产，它包括由法律规定的权利，但这种权利与自然资源的使用、专利权、数据库及转让权无关；不可辨认的无形资产是其他的无形资产，这些资产不能单独地出售，它包括商誉、人力资源以及收税的权利等。当考虑确认基于履行部分或全部权利时，复杂性就会产生，特别是假定这些权利的范围和实质时。

第 三 节　基 本 特 征

一、广泛性

由于公共事务复杂多样，分工细致，加之我国城市社会自治组织和社会组织尚在持续发展中，因此从邻里关系、社区卫生、居民福利、商业网点、公共设施到整个城市的规划和建设事务，都要纳入政府的管辖范围，从而使城市政府职能广泛多样，与之相匹配的政府资产也具有广泛性。

二、服务性

在乡村社会，农民是具有自主生活能力的人，农民的基本生活物品大都能够自给自足，农村的公共事务也大多是自助性的；在城市社会则完全不同，市民的衣、食、住、行等，样样离不开政府所提供的支持及援助，离不开政府或社会组织所提供的公共服务。服务职能体现了城市政府的本质，政府资产是政府提供服务职能的基础。

三、规范性

法治政府起源于近代以来的城市，随着城市化的迅速发展，城市政府管理现代化的主要标志就是法治化和科学化，而法治化的首要任务就是将城市政府的职能范围、权责关系和政府职能实现方式纳入法治的轨道，保证各种城市事务间的相互协调和整合，政府资产间的相互协调和整合确保了城市政府职能的规范性和稳定性。

四、多样性

现代城市政府职能范围广、跨度大，城市公共事务结构复杂，功能多样，加之行政环境的变动和行政技术的飞速发展，使得政府在管理这些公共事务、实现其各项职能时，不得不采用多种手段、途径和方式，以适应不断变化的新情况。多样的政府资产保证了城市政府的各项职能和管理决策顺利实施。

第四节 空间布局

一、行政组织分布

根据《国务院关于 2021 年度国有资产管理情况的综合报告》，国有资产主要包含以下四部分：

（一）企业国有资产（不含金融企业）

2021 年，中央企业资产总额 102.1 万亿元、负债总额 68.3 万亿元、国有资本权益 20.7 万亿元，平均资产负债率 67.0%。同年，地方国有企业资产总额 206.2 万亿元、负债总额 129.6 万亿元、国有资本权益 66.2 万亿元，平均资产负债率 62.8%。汇总中央和地方情况可知，2021 年，全国国有企业资产总额 308.3 万亿元、负债总额 197.9 万亿元、国有资本权益 86.9 万亿元。

（二）金融企业国有资产

2021 年，中央金融企业资产总额 236.3 万亿元、负债总额 210.9 万亿元、国有资产（国有资本及应享有的权益，下同）18.2万亿元。同年，地方国有金融企业资产总额116.1万亿元、负债总额102.8万亿元、国有资产7.1万亿元。汇总中央和地方情况可知，2021年，全国国有金融企业资产总额352.4万亿元、负债总额313.7万亿元、国有资产25.3万亿元。

（三）行政事业性国有资产

2021年，中央行政事业性国有资产总额5.9万亿元、负债总额1.6万亿元、净资产4.3万亿元。其中，行政单位资产总额1.1万亿元，事业单位资产总额4.8万亿元。同年，地方行政事业性国有资产总额48.5万亿元、负债总额9.9万亿元、净资产38.6万亿元。其中，行政单位资产总额17.9万亿元，事业单位资产总额30.6万亿元。汇总中央和地方情况可知，2021年，全国行政事业性国有资产总额54.4万亿元、负债总额11.5万亿元、净资产42.9万亿元。其中，行政单位资产总额19.0万亿元，事业单位资产总额35.4万亿元。

（四）国有自然资源资产

截至2021年底，全国国有土地总面积52346.7万公顷，其中国有建设用地1796.3万公顷、国有耕地1955.5万公顷、国有林地11245.7万公顷、国有草地19757.2万公顷、国有湿地2178.3万公顷。根据《联合国海洋法公约》有关规定和我国主张，我国管辖的海域面积约300万平方千米。2021年，全国水资源总量29638.2亿立方米。

二、地理区域分布

依据《中国统计年鉴》、各省份统计年鉴，统计各省份（不包括西藏及港澳台地区）2000～2020年的固定资本总额及固定资产投资价值指数，对以2000年为基期的投资价格进行平减指数计算，计算出各省份（不包括西藏及港澳台地区）2000～2020年的资本存量，如表2-1所示。

表 2-1 2000~2020 年各省份资本存量 单位：亿元

省份	2000 年	2001 年	2002 年	2003 年	2004 年	2005 年	2006 年	2007 年	2008 年	2009 年	2010 年
北京	5862	6812	7998	9483	11086	12827	14683	16669	18149	19947	22210
天津	2808	3308	3880	4614	5433	6411	7584	9043	10934	13908	17564
河北	7090	8262	9427	10865	12688	15203	18036	21327	25465	30260	35350
山西	2319	2795	3346	4038	4933	6057	7421	9024	10665	13125	15903
内蒙古	977	1375	1941	2904	4243	6139	8321	10981	13967	18154	22695
辽宁	4018	5016	6076	7439	9317	12129	15425	19031	23189	27726	33212
吉林	2131	2590	3112	3735	4526	5671	7548	10153	13522	17089	21197
黑龙江	4549	5096	5687	6293	7011	7867	8990	10455	12163	14418	16953
上海	9099	10187	11413	12718	14259	16090	18263	20767	23006	25830	28095
江苏	11810	14030	16389	19719	23519	28472	33782	39440	45303	53065	61883
浙江	8443	10152	12266	15211	18575	22191	26034	29981	33543	38093	43221
安徽	3688	4301	4961	5726	6798	8038	9494	11244	13238	15618	18475
福建	4722	5481	6275	7250	8475	10081	12074	14591	17667	21214	24942
江西	2055	2534	3199	4070	5087	6243	7650	9256	10969	12920	14998
山东	11339	13565	16168	19308	23278	28425	34435	40793	47633	56180	65610
河南	5866	7006	8276	9733	11507	14170	17761	22405	27694	34793	42812
湖北	7112	7942	8773	9629	10700	12035	13840	16013	18400	21548	25302
湖南	4618	5329	6104	6980	8010	9340	11000	13163	15792	18947	22909
广东	12361	14446	16891	19924	23225	27400	32036	37280	42475	49555	57539
广西	2400	2858	3368	3950	4708	5776	7059	8726	10819	14214	18913
海南	908	1016	1136	1273	1423	1613	1842	2115	2468	2874	3429
重庆	2297	2791	3390	4187	5109	6208	7400	8711	10061	11756	13771
四川	6086	6967	7969	9153	10474	12075	14145	16655	19361	22654	26479
贵州	2213	2544	2925	3351	3791	4286	4859	5517	6268	7214	8373
云南	3141	3560	4022	4616	5324	6082	6928	7837	8711	10444	13194
陕西	3170	3679	4238	4920	5691	6730	8026	9793	11954	14544	17845
甘肃	1691	1960	2268	2614	3017	3466	3968	4552	5220	6025	6984
青海	745	865	1006	1163	1325	1509	1706	1925	2161	2525	3021
宁夏	597	725	871	1080	1308	1584	1917	2264	2720	3349	4100
新疆	2872	3260	3737	4343	4984	5651	6401	7248	8142	9115	10446

续表

省份	2011 年	2012 年	2013 年	2014 年	2015 年	2016 年	2017 年	2018 年	2019 年	2020 年
北京	24468	27257	30184	33072	35954	39789	43358	46932	50109	52865
天津	21754	26427	31480	36620	40567	43838	46450	49093	52554	55527
河北	41583	48133	54772	61319	67581	74214	79549	84810	91258	97226
山西	19116	22193	25598	28738	31645	33923	34532	35260	37591	39312
内蒙古	27657	33389	40113	44873	49570	52854	54076	55529	59662	63542
辽宁	39297	45745	52508	58886	61290	61342	61459	61926	65671	68807
吉林	25085	29174	33198	37225	41475	44743	47177	49651	53064	55763
黑龙江	19764	23089	26977	30533	34032	36823	39438	42133	45196	47748
上海	30117	32107	34323	36572	39515	43429	47032	50509	53468	55445
江苏	71325	81233	90832	99894	109500	119910	130285	140183	150322	160277
浙江	48369	53599	59360	65037	71309	78784	85428	91819	98271	103779
安徽	21747	25357	29290	33447	37656	42353	46741	50920	55367	58694
福建	29242	33987	39292	45027	51171	57766	64521	71045	77620	84065
江西	17288	19635	22024	24217	26894	30195	33236	36099	39122	41550
山东	75456	85848	96718	107993	119667	130504	139619	148371	158774	168140
河南	51322	60748	71038	81786	92571	103679	112653	121334	131620	140145
湖北	29896	34858	40347	46313	52578	59334	65974	72180	78076	85555
湖南	27292	32052	37200	42641	47413	52493	56865	61161	66372	70642
广东	66195	75655	86065	97219	108341	121170	134952	147933	158481	166737
广西	24215	29496	33572	37631	41940	46458	47878	49421	53431	56505
海南	4066	4945	5931	7016	7839	8702	9594	10436	11268	11905
重庆	16186	18639	21223	24020	27071	30618	33986	37240	40231	42942
四川	30771	35457	40251	45076	49858	55071	60134	64912	70023	73933
贵州	9775	11657	14079	16755	19920	23587	27283	30801	34194	37346
云南	16518	20308	24570	29410	34596	40068	45505	50729	56193	60763
陕西	21414	25444	29604	33872	37686	41685	45793	49745	53866	57434
甘肃	8127	9413	10911	12565	14315	16260	16890	17552	18843	19889
青海	3630	4505	5611	6932	8378	9840	11237	12592	13816	15322
宁夏	4805	5631	6546	7872	9475	11082	12418	13742	15052	16218
新疆	11958	14312	17365	20971	24583	27737	31680	35547	38911	41154

注：表中数据不包括西藏及港澳台地区。

按照地理区域，统计 2020 年各区域的资本存量，如图 2-5 所示。其中，华东地区（山东、江苏、安徽、浙江、福建、上海、江西）占整体的 32.8%，华中地区（湖北、湖南、河南）占整体的 14.5%，华南地区（广东、广西、海南）占整体的 11.5%，华北地区（北京、天津、河北、山西、内蒙古）占整体的 15.1%，西南地区（四川、重庆、云南、贵州）占整体的 10.5%，东北地区（辽宁、吉林、黑龙江）占整体的 8.4%，西北地区（宁夏、青海、新疆、陕西、甘肃）占整体的 7.3%。

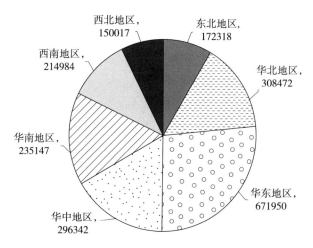

图 2-5　2020 年各区域的资本存量

注：图中各数据单位为亿元。

第三章

盘活政府存量
资产模式概述

ACTIVATE

THE STOCK OF

ASSETS

2022年5月，国务院办公厅发布了《国务院办公厅关于进一步盘活存量资产扩大有效投资的意见》（国办发〔2022〕19号），该文件为政府存量资产的盘活方向、方式、政策支持、举措等各方面提出了要求，指明了方向。

该文件指出，经过多年投资建设，我国在基础设施等领域形成了一大批存量资产，为推动经济社会发展提供了重要支撑。有效盘活存量资产，形成存量资产和新增投资的良性循环，对于提升基础设施运营管理水平、拓宽社会投资渠道、合理扩大有效投资以及降低政府债务风险、降低企业负债水平等具有重要意义。进一步盘活存量资产、扩大有效投资，既是对习近平新时代中国特色社会主义思想的深入学习，对新发展理念的完整、准确、全面贯彻，也有利于加快构建新发展格局，推动高质量发展。

本章主要是在政府存量资产盘活有关实践及上述文件有关内容的基础上，厘清基本概念、梳理相关政策，总结现有盘活政府存量资产的主要模式，并对其痛点及发展趋势进行分析。

第 一 节 　 基 本 概 念

所谓"盘活存量"，最初来源于企业资产管理，是指采取各种方式整合资产，利用好现有的资产，防止资产的闲置浪费。我国仅基础设施存量资产就达数十万亿元级别，存量资产盘活市场空间广阔。

盘活政府存量资产是指运用多种方式、创造条件、规范有序地扩大有效投资，把握投资方向，通过资源整合把回收资金用于重点领域建设，形成新的有效投资，实现良性循环，从而使存量资产焕发新的活力。通常，盘活政府存量资产的模式包括PPP、基础设施REITs、产权交易和兼并重组等。

正如上文所述，盘活政府存量资产对于提升基础设施运营管理水平、拓宽社会投资渠道、合理扩大有效投资以及降低政府债务风险、降低企业负债水平等具有重要意义。针对如何实现盘活，国办发〔2022〕19号文在前期经验总结的基础上，形成了要发展基础设施领域不动产投资信托基金（REITs），有序推进政府和社会资本合作（PPP），积极推进产权规范交易，发挥国有资本投资运营公司的功能作用，挖掘闲置低效资产价值，支持兼并重组等其他盘活方式的优化方向。结合目前在实践中的运用情况，PPP、基础设施领域REITs、产权交易和兼并重组四种模式更具操作行和稳定性。

第二节　政策梳理

早在2017年国家发展改革委就出台了《关于加快运用PPP模式盘活基础设施存量资产有关工作的通知》（发改投资〔2017〕1266号），指导地方加快运用PPP模式规范有序盘活基础设施存量资产，形成投资良性循环。后续财政部、证监会等部门就运用PPP模式、试点与推进基础设施领域REITs等各类方式推动盘活存量资产，陆续出台了一系列政策。2022年5月，《国务院办公厅关于进一步盘活存量资产扩大有效投资的意见》的出台，对当前形势下盘活存量资产、扩大有效投资具有重要意义。为深入贯彻落实党中央、国务院安排部署，各地方政府结合本地区实际情况相继出台了地方性的政策规定，促进盘活本地区存量资产。

一、中央

（一）行政法规

"十四五"规划明确提出，要"规范有序推进政府和社会资本合作（PPP），推动基础设施领域不动产投资信托基金（REITs）健康发展，有效盘活存量资产，形成存量资产和新增投资的良性循环"。2022年5月，国务院办公厅发布《国务院办公厅关于进一步盘活存量资产扩大有效投资的意见》，从六个方面提出了 24 条意见：明确盘活存量资产的重点方向，聚焦重点领域、重点区域及重点企业；提出七种优化完善存量资产盘活方式；强调要加大盘活存量资产政策支持力度；提出引导做好回收资金使用；指出要依法依规稳妥有序推进存量资产盘活，做好组织保障。

（二）部门规章及行业规定

近年来，各部委、交易所在盘活政府存量资产方面也制定了一系列规范性文件：

国家发展改革委印发《关于加快运用 PPP 模式盘活基础设施存量资产有关工作的通知》（发改投资〔2017〕1266 号），通过引导 PPP 模式向存量资产项目倾斜，促进盘活存量资产形成投资良性循环，从认识意义、分类实施、规范管理、协同合作、经验示范五个方面，对运用 PPP 模式盘活基础设施存量资产、形成投资良性循环相关工作进行了部署。以五个"有利于"充分肯定了运用 PPP 模式盘活基础设施存量资产的重要意义：有利于拓宽基础设施建设资金来源，减轻地方政府债务负担；有利于化解民营企业融资能力不足问题，更好地吸引民间资本进入基础设施领域，丰富民营企业投资方式；有利于吸引具有较强运营能力的社会资本，提高基础设施项目运营效率，降低运营成本；有利于推进国有企业混合所有制改革，促进各种所有制经济共同发展；有利于加快补齐基础设施短板，推进供给侧结构性改革。

国家发展改革委印发《引导社会资本参与盘活国有存量资产中央预算内投资示范专项管理办法》的通知（发改投资规〔2021〕252 号），加强引导社会资本参与盘活国有存量资产中央预算内投资示范专项的管理，提高资金使用效益，明确了专项支持范围，项目申报、投资计划下达等流程。

在《国务院办公厅关于进一步盘活存量资产扩大有效投资的意见》基础上，国家发展改革委办公厅印发《关于做好盘活存量资产扩大有效投资有关工作的通知》（发改办投资〔2022〕561 号）对其进行了细化：一是建立协调机制，统筹推动盘活存量资产工作；二是建立盘活存量资产台账，精准有力抓好项目实施；三是灵活采取多种方式，有效盘活不同类型存量资产，对具备相关条件的基础设施存量项目可采取基础设施领域

REITs、PPP 等方式盘活;四是推动落实盘活条件,促进项目尽快落地;五是加快回收资金使用,有力支持新项目建设;六是加大配套政策支持力度,扎实推动存量资产盘活;七是开展试点示范,发挥典型案例引导带动作用;八是加强宣传引导和督促激励,充分调动有关方面参与积极性。

国家发展改革委印发《关于进一步完善政策环境加大力度支持民间投资发展的意见》(发改投资〔2022〕1652 号),在鼓励民间投资以多种方式盘活存量资产方面提出:对长期闲置但具有潜在开发利用价值的老旧厂房、文化体育场馆和闲置土地等资产,可采取资产升级改造与定位转型等方式,充分挖掘资产价值,吸引民间投资参与;鼓励民间投资参与盘活城市老旧资源,因地制宜推进城镇老旧小区改造,支持通过精准定位、提升品质、完善用途,丰富存量资产功能,提升资产效益。

此外,为推动以基础设施领域 REITs 模式盘活政府存量资产,我国于 2020 年开展试点工作,并陆续制定了政策规范(见表 3-1)。

表 3-1　基础设施领域 REITs 政策

文号	发布机关	文件名称	核心规定
证监发〔2020〕40 号	证监会、国家发展改革委	《关于推进基础设施领域不动产投资信托基金(REITs)试点相关工作的通知》	充分认识推进基础设施领域 REITs 试点的重要意义,提出推进基础设施领域 REITs 试点的基本原则,明确基础设施领域 REITs 试点项目要求,进行基础设施领域 REITs 试点工作安排部署
发改办投资〔2020〕586 号	国家发展改革委办公厅	《关于做好基础设施领域不动产投资信托基金(REITs)试点项目申报工作的通知》	在试点通知的基础上进一步细化了试点项目的地区、行业范围和基本条件,并对试点项目申请材料、申报程序、合规性审查等方面提出了明确要求,其中行业范围包括仓储物流、交通等,公寓、住宅等房地产项目不属于试点范围;项目基本条件应满足项目设施权属清晰、项目运营时间不低于 3 年和现金流持续稳定且来源合理分散等要求
证监会公告〔2020〕54 号	证监会	《公开募集基础设施证券投资基金指引(试行)》	对基础设施公募 REITs 设立和运作进行了顶层设计,确定基础设施 REITs 是以资产支持证券和项目公司为载体的封闭式基金,并在参与方资质和从业人员要求、基金份额发售以及信息披露要求等方面做了制度安排

续表

文号	发布机关	文件名称	核心规定
发改办投资〔2021〕35号	国家发展改革委办公厅	《关于建立全国基础设施领域不动产投资信托基金（REITs）试点项目库的通知》	设立全国基础设施领域REITs试点项目库，试点项目库按照项目开展进度分为意向项目、储备项目和存续项目，试点项目应从储备库中统一选取
发改投资〔2021〕958号	国家发展改革委	《关于进一步做好基础设施领域不动产投资信托基金（REITs）试点工作的通知》	将试点区域扩大至全国各地区，试点行业范围增加了能源基础设施、停车场项目市政基础设施、直辖市及人口净流入大城市的保障性租赁住房、自然文化遗产、国家AAAAA级旅游景区等具有较好收益的旅游基础设施；对已能够实现长期稳定收益的项目，可适当降低运蓄年限3年的要求
发改办投资〔2021〕1048号	国家发展改革委办公厅	《关于加快推进基础设施领域不动产投资信托基金（REITs）有关工作的通知》	积极推进项目入库，强调做到项目"愿入尽入、应入尽入"，不得以任何理由拒绝入库
财政部、税务总局公告2022年第3号	财政部、国家税务总局	《关于基础设施领域不动产投资信托基金（REITs）试点税收政策的公告》	首份REITs试点税收政策。明确REITs设立前，划转基础设施资产不征企业所得税；REITs设立阶段，可递延企业所得税；运营、分配等环节涉及的税收，按现行法律法规的税收规定执行
证监办发〔2022〕53号	证监会、国家发展改革委	《关于规范做好保障性租赁住房试点发行基础设施领域不动产投资信托基金（REITs）有关工作的通知》	全面推动保障性租赁住房REITs业务规范有序开展，严格落实房地产市场调控政策，在发起主体、回收资金用途等方面构建了有效的隔离机制，压实参与机构责任，切实防范REITs回收资金违规流入商品住宅和商业地产开发领域，重申保障性租赁住房公募REITs的闭环模式；鼓励权属清晰、运营模式成熟、具有可持续市场化收益的保障性租赁住房发行REITs，推动试点项目尽快落地
发改办投资〔2022〕617号	国家发展改革委办公厅	《关于做好基础设施领域不动产投资信托基金（REITs）新购入项目申报推荐有关工作的通知》	充分运用新购入项目机制推动基础设施领域REITs健康发展，完善申报推荐程序，切实保障新购入项目质量，引导回收资金用于新项目建设

二、地方政府

在既定格局下，还需要积极发挥地方政府的作用，大力盘活国有资产、资金和资源，推动要素自由流动，加快建设充满生机活力的现代化经济体系，这样才能有效发挥社会主义市场经济体制优势。各地方政府结合本地区实际情况，相继出台了地方性的政策规定(见表3-2)。

表3-2 各地方发布的盘活存量资产政策

文号/时间	发布机关	文件名称	核心规定
豫政办〔2022〕94号	河南省人民政府办公厅	《河南省人民政府办公厅关于进一步盘活存量资产扩大有效投资的实施意见》	支持基础设施领域REITs上市，探索促进盘活存量和改扩建有机结合，强化专业服务支持，精准支持新建项目
绍政办发〔2022〕25号	绍兴市人民政府办公室	《绍兴市人民政府办公室关于印发绍兴市盘活存量资产扩大有效投资实施方案的通知》	厘清全市存量资产底数，形成"资产一本账"，上线"资产盘活一件事"数字化改革应用；加速确权，明确资产权属关系，加速推进资产问题处置和确权办证工作；充分盘活，创新运用"资产包+工具包"，个性化制定盘活方案
津政办发〔2022〕52号	天津市人民政府办公厅	《天津市人民政府办公厅关于印发天津市进一步盘活存量资产扩大有效投资若干措施的通知》	市相关部门加强与国家监管部门驻津机构的沟通衔接；学习借鉴先进经验，鼓励天津产权交易中心充分发挥价值发现和投资者发现功能，创新交易产品和交易方式
赣府厅字〔2022〕100号	江西省人民政府办公厅	《江西省人民政府办公厅印发关于加快盘活存量资产扩大有效投资工作方案的通知》	全面清查资产，建立资产台账；制定行动方案；落实盘活条件；有序盘活整合；扩大有效投资
宁政办发〔2022〕37号	南京市人民政府办公厅	《市政府办公厅印发关于进一步盘活存量资产扩大有效投资的政策措施的通知》	强化有效盘活存量资产导向，聚焦盘活重点领域存量资产，分层分类加强存量资产盘活，深化推进基础设施领域REITs试点，规范有序推进(PPP)，因地制宜推进存量和改扩建有机结合，加大力度盘活低效闲置资产，完善和落实规划税收价格政策，加强项目前期和相关配套支持，强化组织保障，建立协调推进机制

续表

文号/时间	发布机关	文件名称	核心规定
陕政办发〔2022〕29号	陕西省人民政府办公厅	《陕西省人民政府办公厅关于进一步盘活存量资产扩大有效投资的实施意见》	用好基础设施领域REITs和ABS等金融工具，规范有序推进PPP，发挥好国有资本投资、运营公司和金融资产管理公司作用，通过兼并重组、产权转让、混合所有制改革、引入社会资本等方式盘活存量资产，加大财税金融支持，回收资金优先用于增加有效投资，加强配套资金支持
辽科发〔2020〕19号	辽宁省科学技术厅	《关于印发〈辽宁省高新区存量资产盘活实施方案〉的通知》	全面梳理重点领域拟盘活存量资产台账；制定标准和政策；全面推进盘活存量资产工作；鼓励各类社会资本参与盘活存量资产，扩大有效投资
冀财预复〔2022〕393号	河北省财政厅	《河北省财政厅关于补助2022年引导社会资本参与盘活国有存量资产示范专项中央基建投资预算的通知》	专项用于引导社会资本参与盘活国有存量资产示范
冀发改投资〔2017〕892号	河北省发展改革委	《关于做好运用PPP模式盘活基础设施存量资产有关工作的通知》	运用PPP模式盘活基础设施存量资产，形成投资良性循环；抓紧筛选推荐运用PPP模式盘活基础设施存量资产效果好的项目
青政办〔2022〕74号	青海省人民政府办公厅	《青海省人民政府办公厅关于印发进一步盘活存量资产扩大有效投资工作方案的通知》	建立项目储备库，遴选推荐基础设施REITs项目，加强央地合作，用好回收资金
2022年8月	湖南省发展改革委	《关于建立盘活存量资产台账的通知》	建立健全协调机制，推动落实盘活条件，加强配套政策支持，加强宣传引导和督促激励
2021年10月	湖南省发展改革委	《关于建立盘活国有存量资产意向项目库的通知》	对拟采取PPP模式的存量基础设施项目，可根据项目特点和具体情况，可通过移交—运营—移交（TOT）、改建—运营—移交（ROT）、转让—拥有—运营(TOO)、委托运营、股权合作等多种方式，将项目的资产所有权、股权、经营权、收费权等转让给社会资本；对已经采取PPP模式且政府方在项目公司中占有股份的存量基础设施项目，可通过股权转让等方式，将政府方持有的股权部分或全部转让给项目的社会资本方或其他投资人；对在建的基础设施项目，可积极探索推进PPP模式，引入社会资本特别是民间资本进入，负责项目的投资、建设、运营和管理，减少项目前期推进困难等障碍

续表

文号/时间	发布机关	文件名称	核心规定
2022 年 4 月	湖南省发展改革委	《关于抓紧编报引导社会资本参与盘活国有存量资产中央预算内投资示范专项 2021 年计划的通知》	安排好引导社会资本参与盘活国有存量资产中央预算内投资示范专项,支持采用基础设施领域 REITs、PPP、产权交易所交易、存量和改扩建结合、挖掘闲置低效资产价值、混合所有制改革、兼并重组等方式盘活国有存量资产
苏财建〔2021〕83 号	江苏省财政厅	《江苏省财政厅关于下达 2021 年引导社会资本参与盘活国有存量资产投资示范专项中央基建投资预算(拨款)的通知》	迅速将资金落实到项目,督促有关方面抓紧落实建设资金,确保项目建设的顺利实施;切实加强项目绩效管理,做好绩效监控,确保建设工作取得实效和年度绩效目标如期实现
2021 年 4 月	云南省发展改革委	《云南省发展和改革委员会关于抓紧申报引导社会资本参与盘活国有存量资产中央预算内投资示范专项的通知》	采用 REITs 方式盘活国有存量资产项目;采用 PPP 方式盘活国有存量资产项目,包括移交—运营—移交(TOT)、改建—运营—移交(ROT)、移交—拥有—运营(TOO)、委托运营、股权合作等模式;不得为纯政府付费项目,如涉及政府付费,政府资金来源应稳定可靠;采用产权交易等其他方式盘活存量国有资产项目
川交函〔2017〕650 号	四川省交通运输厅	《四川省交通运输厅关于加快运用 PPP 模式盘活交通运输领域存量资产有关工作的通知》	梳理建立盘活存量交通基础设施项目清单,优先选择边界条件明确、商业模式清晰、有现金流潜力的优质存量项目;合理评估项目资产,项目的资产所有权、股权、经营权、收费权等可通过 TOT、ROT、TOO、委托运营、股权合作等多种方式转让给社会资本;运用 PPP 模式盘活交通基础设施存量资产回收的资金,应主要用于新的交通基础设施建设,重点支持脱贫攻坚、生态建设和环境保护等补短板项目

在基础设施领域 REITs 方面,各地方政府积极响应有关部署,基本出台了本地方的落地政策,部分市、县/区还制定了更符合本地实际情况的措施(见表 3-3)。

表 3-3　基础设施领域 REITs 各地方政策汇总

文号/时间	发布机关	文件名称	核心规定
青发改投资〔2022〕144 号	青岛市发展改革委等	《关于支持青岛市基础设施领域不动产投资信托基金（REITs）产业发展的若干措施》	建立基础设施 REITs 项目库，鼓励和引导国有企业转型发展，加大财政税收政策支持 REITs 发展力度，鼓励申办基础设施 REITs 公募基金管理人资质，加大优质基础设施 REITs 产品推介力度，鼓励市域内符合条件的基础设施项目资产整体打包发行 REITs 产品，建立 REITs 项目投资良性循环机制，探索成立青岛市基础设施 REITs 产业联盟，壮大基础设施 REITs 人才队伍，建立基础设施 REITs 部门协调机制，加强风险防范和投资者保护，贯彻执行国家法律法规
2022 年 5 月	深圳市发展改革委	《深圳市发展和改革委员会关于加快推进基础设施领域不动产投资信托基金（REITs）试点项目入库工作的通知》	围绕交通、能源、市政、生态环保、仓储物流、新型基础设施、保障性租赁住房以及水利、旅游等 10 大行业领域基础设施，深圳市行政区域内（含深汕特别合作区）拟申报纳入全国基础设施 REITs 试点项目库的项目单位（原始权益人）
锡发改资〔2022〕7 号	无锡市发展改革委	《无锡市发展和改革委员会关于印发〈无锡市基础设施领域不动产投资信托基金（REITs）试点项目申报操作指引〉的通知》	建立基础设施 REITs 项目储备库，加大财税政策支持力度，加快培育专业基础设施运营机构，鼓励申办基础设施 REITs 公募基金管理人资质，加大优质基础设施 REITs 项目推介力度，实施基础设施 REITs 产业人才计划，鼓励国有企业转型发展，积极探索"PPP+REITs"发展模式，支持基础设施 REITs 产业集群发展，建立推进基础设施 REITs 产业发展工作机制
东政发〔2022〕4 号	北京市东城区人民政府等	《北京市东城区人民政府　北京市地方金融监督管理局关于印发〈关于支持建设基础设施领域不动产投资信托基金（REITs）集聚区的若干措施〉的通知》	支持对象为基础设施 REITs 产业相关机构和专业服务机构，鼓励集聚区内原始权益人发行基础设施 REITs 产品，支持集聚区内机构申请公募基金管理人资质并开展基础设施 REITs 业务，鼓励在集聚区设立公募基金子公司并开展基础设施 REITs 业务，鼓励在集聚区设立基础设施 REITs 项目运营管理机构，根据企业综合贡献、行业影响力等指标，给予从事基础设施 REITs 产业及专业服务企业补贴，设立人才引进绿色通道，搭建原始权益人、基金管理人与专业机构投资者的对接平台，搭建基础设施 REITs 资产交易平台，加强辖区内法律、会计、税务等基础设施 REITs 中介机构培育和发展

文号/时间	发布机关	文件名称	核心规定
2021 年 8 月	北京市发展改革委	《关于进一步做好本市基础设施领域不动产投资信托基金（REITs）试点项目申报有关工作的通知》	明确基础设施领域 REITs 试点范围新增能源基础设施、保障性租赁住房、水利设施、旅游基础设施、停车场等领域，对基础设施 REITs 试点项目库管理及项目申报等工作提出了新的要求
京发改〔2020〕1465 号	北京市发展改革委等	《关于印发支持北京市基础设施领域不动产投资信托基金（REITs）产业发展若干措施的通知》	加快培育孵化一批权属清晰、收益稳定、特色突出的优质基础设施项目，加大市属国有企业基础设施优质运营资源整合力度，支持市属机构申请公募基金管理人资质并开展基础设施 REITs 业务，加强本市基础设施 REITs 中介机构培育和发展，搭建原始权益人、基金管理人与专业机构投资者的对接平台，成立基础设施 REITs 产业联盟，支持基础设施 REITs 全产业链集聚发展，制订基础设施 REITs 产业人才计划，加大财税政策支持力度，将 REITs 发行规模作为降杠杆措施纳入企业经营业绩考核评价指标，积极探索通过"PPP+REITs"方式盘活存量资产，成立推进基础设施 REITs 产业发展工作领导小组
2020 年 8 月	北京市发展改革委	《关于开展北京市基础设施领域不动产投资信托基金（REITs）试点项目申报工作的通知》	高度重视，切实做好试点项目组织申报工作；聚焦重点，准确把握试点项目的地区和行业范围；确保试点项目满足基本条件；明确试点项目申请材料要求；规范试点项目申报程序
宁发改投资〔2022〕88 号	宁夏回族自治区发展改革委	《自治区发展改革委关于加快推进基础设施领域不动产投资信托基金（REITs）有关工作的通知》	各地各部门充分认识开展基础设施 REITs 试点的重要意义；根据本地区本行业基础设施现状、项目自身条件和前期准备情况等，梳理意向项目和储备项目；完善项目推进工作机制，充分发挥其在发展规划、投资管理、项目统筹协同等方面的作用；将项目推进中遇到的重点难点问题，及时反馈给自治区发展改革委协调解决
宁发改投资〔2021〕607 号	宁夏回族自治区发展改革委	《自治区发展改革委关于进一步做好基础设施领域不动产投资信托基金（REITs）试点有关工作的通知》	提高认识，高度重视试点工作；靠前服务，扎实做好项目储备；加强沟通，形成推动试点工作合力；严把质量，确保项目依法合规；加强培训，加大试点工作宣传力度

续表

文号/时间	发布机关	文件名称	核心规定
宁发改投资〔2021〕59号	宁夏回族自治区发展改革委	《自治区发展改革委关于建立全区基础设施领域不动产投资信托基金(REITs)试点项目库的通知》	充分认识建立基础设施REITs试点项目库的重要性,严格把握入库项目条件,强化入库项目政策支持和协调服务,做好入库项目梳理和报送工作
宁发改投资〔2020〕586号	宁夏回族自治区发展改革委	《自治区发展改革委员会关于做好基础设施领域不动产投资信托基金(REITs)试点项目申报工作的通知》	聚焦国家级经济技术开发区重点区域和仓储物流、收费公路、城镇污水处理等重点行业,积极组织符合条件的项目申报,严格审核项目发起人提交的开展基础设施REITs试点的基本情况材料、合规情况材料和试点证明材料,严格项目审查
闽发改规〔2022〕3号	福建省发展改革委等	《福建省发展和改革委员会 中国证券监督管理委员会福建监管局 福建省地方金融监督管理局关于印发福建省促进基础设施领域不动产投资信托基金(REITs)发展若干措施的通知》	加大资产整合力度;鼓励申报试点项目;要做好项目前期工作,优化项目保障服务,强化财税支持政策,支持本地企业发行基础设施REITs产品,并给予一定的资金奖励
闽发改投资〔2021〕492号	福建省发展改革委	《福建省发展和改革委员会转发国家发展改革委关于进一步做好基础设施领域不动产投资信托基金(REITs)试点工作的通知》	提高认识,高度重视试点工作;靠前服务,扎实做好项目储备;加强沟通,形成推动试点工作合力;严把质量,确保项目依法合规;加强培训,支持出台配套措施
津发改投资〔2022〕11号	天津市发展改革委等	《市发展改革委等五部门关于印发〈关于天津市推进基础设施领域不动产投资信托基金(REITs)试点工作的支持措施〉的通知》	加强项目储备、申报、发行、运营全流程规范管理,打造投资领域高质量发展新引擎

续表

文号/时间	发布机关	文件名称	核心规定
2020 年 9 月	天津市发展改革委	《市发展改革委关于做好基础设施领域不动产投资信托基金(REITs)试点项目申报工作的通知》	加强项目储备,挖掘存量资源;完善审核机制,提高申报质量;优化存续管理,推动健康发展;加大政策支持,吸引各方参与;强化措施保障,凝聚工作合力
市政办发〔2021〕53 号	西安市人民政府办公厅	《西安市人民政府办公厅关于印发推进基础设施领域不动产投资信托基金(REITs)健康发展十条措施的通知》	建立部门联动机制,建立试点项目库,建立专业服务智库,搭建业务对接平台,加强专业人才培养,支持基础设施 REITs 服务机构集聚发展,培育壮大基金管理机构队伍,加大财税支持力度,鼓励引导国有企业发行基础设施 REITs,发挥政府投资引导作用
陕发改投资〔2021〕194 号	陕西省发展改革委	《陕西省发展和改革委员会关于转发国家发展改革委办公厅关于建立全国基础设施领域不动产投资信托基金(REITs)试点项目库的通知》	高度重视建立基础设施 REITs 试点项目库的意义;充分调动积极性,推动试点项目入库;增强服务意识,主动做好项目服务工作
陕发改投资〔2020〕1169 号	陕西省发展改革委	《陕西省发展和改革委员会关于做好基础设施领域不动产投资信托基金(REITs)试点项目申报工作的通知》	聚焦重点地区、行业,严格开展项目合规性审查工作;及时做好申报;建立试点项目储备库
2021 年 9 月	广州市发展改革委	《广州市发展改革委关于印发广州市支持基础设施领域不动产投资信托基金(REITs)发展措施的通知》	加强项目谋划和储备,规范项目申报和管理,建立基础设施 REITs 试点工作协调机制,强化工作统筹和协同,加大财税政策支持力度,强化国资、规划和用地支持,加大机构、人才引进和政策支持,推动设立基础设施 REITs 产业发展基金,培育发展 REITs 基金管理机构,培育壮大基础设施 REITs 中介机构市场,拓展基础设施 REITs产品投资渠道,支持基础设施 REITs 运营管理机构发展壮大,推动建立基础设施 REITs 行业自律机制,加强风险防范和市场规范,积极打造粤港澳大湾区基础设施 REITs 发展高地

续表

文号/时间	发布机关	文件名称	核心规定
2021 年 7 月	江西省发展改革委	《江西省发展改革委转发国家发展改革委关于进一步做好基础设施领域不动产投资信托基金（REITs）试点工作的通知》	高度重视 REITs 工作，切实加强沟通协作，积极梳理报送项目
桂发改投资〔2021〕557 号	广西壮族自治区发展改革委	《广西壮族自治区发展和改革委员会关于做好基础设施领域不动产投资信托基金（REITs）试点项目储备和申报工作的通知》	切实完善试点项目库，落实项目申报条件，成熟一个、申报一个
桂发改投资函〔2021〕217 号	广西壮族自治区发展改革委	《广西壮族自治区发展和改革委员会关于报送基础设施领域不动产投资信托基金（REITs）试点项目的函》	做好试点项目储备管理工作，按照国家有关要求审核筛选符合条件的试点项目
沪发改财金〔2021〕46 号	上海市发展改革委	《关于进一步做好本市基础设施领域不动产投资信托基金（REITs）试点项目申报有关工作的通知》	鼓励符合条件的项目发起人（原始权益人）积极申请基础设施 REITs 试点；各地及时梳理汇总本地区基础设施 REITs 试点项目，并将符合条件的项目分类纳入全国基础设施 REITs 试点项目库；市发展改革委会同各区发展改革委、临港新片区管委会负责本市行政区域内基础设施 REITs 试点项目申报工作
沪发改财金〔2020〕41 号	上海市发展改革委	《上海市发展和改革委员会关于开展本市基础设施领域不动产投资信托基金（REITs）试点项目申报工作的通知》	鼓励符合条件的项目发起人（原始权益人）积极申请基础设施 REITs 试点，市发展改革委会同各区发展改革委、临港新片区管委会负责本市行政区域内基础设施 REITs 试点项目申报工作，申请试点项目须符合发改办投资〔2020〕586 号文明确的行业范围、基本条件等各项要求

文号/时间	发布机关	文件名称	核心规定
晋发改投资发〔2021〕38 号	山西省发展改革委	《山西省发展和改革委员会关于做好基础设施领域不动产投资信托基金（REITs）试点项目储备管理工作的通知》	切实保障基础设施 REITs 试点项目质量，有效防范市场风险，推动试点工作高质量推进
2020 年 10 月	宁波市发展改革委	《宁波市发展和改革委员会关于开展宁波市基础设施领域不动产投资信托基金（REITs）试点项目申报工作的通知》	鼓励符合条件的项目发起人（原始权益人）积极申请基础设施 REITs 试点，项目申报和审查工作对各种所有制企业一视同仁、公平对待
2020 年 8 月	浙江省发展改革委	《关于开展浙江省基础设施领域不动产投资信托基金（REITs）试点项目申报工作的通知》	浙江省范围内符合条件且拟申报基础设施公募 REITs 试点项目的发起人（原始权益人），按照该通知要求进行申报
2020 年 9 月	湖北省发展改革委	《省发改委关于做好基础设施领域不动产投资信托基金（REITs）试点项目申报工作的函》	成立工作专班，积极开展项目申报工作；瞄准特色产业园区、基础设施补短板、新型基础设施等重点方向，积极组织符合条件且拟申报基础设施 REITs 试点项目的发起人（原始权益人）做实做细各项申报准备和前期工作；按照成熟一个、申报一个的原则开展项目申报工作
豫发改办投资〔2020〕77 号	河南省发展改革委办公室	《河南省发展和改革委员会办公室关于做好河南省基础设施领域不动产投资信托基金（REITs）试点项目申报工作的通知》	充分认识做好试点项目申报工作的重要意义，准确把握试点项目的地区和行业范围，严格开展项目合规性审查

第三节 重要方向

一、重点领域

《国务院办公厅关于进一步盘活存量资产扩大有效投资的意见》提出,盘活存量资产的重点领域:一是重点盘活存量规模较大、当前收益较好或增长潜力较大的基础设施项目资产,包括交通、水利、清洁能源、保障性租赁住房、水电气热等市政设施、生态环保、产业园区、仓储物流、旅游、新型基础设施等;二是统筹盘活存量和改扩建有机结合的项目资产,包括综合交通枢纽改造、工业企业退城进园等;三是有序盘活长期闲置但具有较大开发利用价值的项目资产,包括老旧厂房、文化体育场馆和闲置土地,以及国有企业开办的酒店、餐饮、疗养院等非主业资产。

以北京为例,作为全国首个减量发展的超大城市,北京在"十四五"时期城市更新规划中提出,打破传统增量发展思维惯性,探索新的城市更新路径,全面盘活存量资源。比如,鼓励老旧楼宇、老旧厂房、低效产业园区等存量资源升级改造,加快"腾笼换鸟"。

二、重点区域

《国务院办公厅关于进一步盘活存量资产扩大有效投资的意见》提出,盘活政府存量资产的重点区域:一是推动建设任务重、投资需求强、存量规模大、资产质量好的地区,积极盘活存量资产,筹集建设资金,支持新项目建设,牢牢守住风险底线;二是推动地方政府债务率较高、财政收支平衡压力较大的地区,加快盘活存量资产,稳妥化解地方政府债务风险,提升财政可持续能力,合理支持新项目建设;三是围绕落实京津冀协同发展、长江经济带发展、粤港澳大湾区建设、长三角一体化发展、黄河流域生态保护和高质量发展等区域发展战略以及推动海南自由贸易港建设等，鼓励相关地区率先加大存量资产盘活力度，充分发挥示范带动作用。

为聚焦优质产业聚集地，上述文件明确了优先试点区域如表3-4所示。

表 3-4　优先试点区域

类别	区域
六大区域	京津冀、长江经济带、雄安新区、粤港澳大湾区、海南、长江三角洲
两类行政区划	国家级新区、有条件的国家级经济技术开发区
六大行业	仓储物流、收费公路、水电气热、城镇污水垃圾处理、固废危废处理、信息网络
三大园区	国家级战略性新兴产业集群、高科技产业园区、特色产业园区

三、重点企业

《国务院办公厅关于进一步盘活存量资产扩大有效投资的意见》强调，盘活存量资产对参与的各类市场主体一视同仁。引导支持基础设施存量资产多、建设任务重、负债率较高的国有企业，把盘活存量资产作为国有资产保值增值以及防范债务风险、筹集建设资金、优化资产结构的重要手段，选择适合的存量资产，采取多种方式予以盘活。鼓励民营企业根据实际情况参与盘活国有存量资产，积极盘活自身存量资产，将回收资金用于再投资，降低企业经营风险，促进持续健康发展。

第四节　主要模式

我国资本市场和投资实践中，目前积累了PPP、基础设施REITs、产权交易及并购重组等多种盘活存量资产的渠道和方式。对于不同属性的资产，需采取不同的盘活方式。

例如，盘活具有一定历史遗留问题的国有资产，可以借助资本注入、股权置换、兼并重组、股权划转等方式进行资产重组，通过混合所有制改革、引入战略投资方和专业运营管理机构等，提升存量资产的运营管理能力；盘活国有重型资产，可以通过基础设施公募 REITs 等金融工具，盘活存量项目，将回收资金用于新增项目建设，形成投融资的良性循环和商业闭环；盘活经营性较低的资产，可以通过承包、租赁、拍卖等多样化市场交易方式，深挖资产价值，全面提质增效；盘活闲置资产，可以通过资产提升改造、修缮性恢复、老旧厂房改造等方式，进一步提升物业品质，实现国有资产保值增值；盘活国有资本投资、运营公司，可以借助先导性产业发展和企业科技创新契机，促进国有资本投资运营公司转型发展为融资平台、股权管理平台、产业整合平台和创业投资平台。

本节主要讨论当下资本市场和投资实践中使用频率较高的 PPP、基础设施 REITs、产权交易、兼并重组四种模式。

一、PPP

PPP 模式是指特定的政府和社会资本之间建立的一种合作关系，通过适当的资源分配、风险分担和利益共享机制，向社会公众提供公共服务产品。《国务院办公厅关于进一步盘活存量资产扩大有效投资的意见》提出："鼓励具备长期稳定经营性收益的存量项目采用 PPP 模式盘活存量资产，提升运营效率和服务水平。社会资本方通过创新运营模式、引入先进技术、提升运营效率等方式，有效盘活存量资产并减少政府补助额度的，地方人民政府可采取适当方式通过现有资金渠道予以奖励。"随着基础设施领域不断向私人和社会资本开放，PPP 模式将成为发展基础设施和公共服务项目的更有效选择，并为促进我国城镇化建设发挥越来越重要的作用。

PPP 模式以其独有的机制设计，使政府和社会资本达成协议，充分发挥各自优势共同完成公共服务产品的供应、运营、管理。总的来说，PPP 的功能主要体现在以下五个方面：

（一）发挥社会资本自身优势，提高项目建设、运营效率

通过 PPP 模式引入专业的社会团队提供长期优质的服务，充分发挥其建设、技术和运营、管理优势，能够提高综合效益，做到项目全周期成本最低，保障项目的长期稳定性和可靠性。社会资本可以根据自身的运营经验，对政府在 PPP 项目的运营管理和边界条件提出优化意见，在满足服务功能的前提下完善服务、节约投资。

（二）有助于加强风险管理与优化共担

PPP 模式的核心是激励相容的同时实现风险共担，PPP 模式是在风险识别与风险分类的基础上，让政企各方中最应该也最擅长承担的一方承担特定风险，以实现总体风险管理的成本最低和效率最高，即实现项目全生命周期的总体风险的最优分配。

（三）有助于促进地方发展，支持城镇化建设

PPP 模式将大量社会资本引导到基础设施建设中，从短期看，可以直接提高投资水平、拉动经济增长；从长期看，可以改善基础设施状况、提高生产率。引进社会资本可以拓宽城镇化建设融资渠道，形成多元化、可持续的资金投入，有利于整合社会资源，激发民间投资活力，支持城镇化建设。

（四）创新公共基础设施投融资体制，缓解财政压力

PPP 模式通过引入社会资本，以自身拥有的资产和权益为融资担保，充分调动社会资金，可在一定程度上弥补基础设施建设的资金缺口，推进项目建设，既鼓励了社会资本参与提供公共产品和公共服务并获取合理回报，又减轻了政府公共财政压力、腾挪更多资金用于重点民生项目建设。

（五）加快政府职能转变，深化财税体制改革

采用 PPP 模式有利于转换政府职能，减轻财政负担。政府可以从繁重的事务中脱身，从过去的基础设施公共服务的提供者变成监管者，从而保证质量；也可以在财政预算方面减轻压力。改革开放以来，PPP模式经历了多个发展阶段，尽管起起伏伏，但是在"十四五"期间PPP模式将面临新的发展机遇：盘活存量资产，形成增量投资，化解地方债务。从本质上说，PPP模式是一种基础设施和公共服务的供给理念，而理念是无法自动执行、自然落地的，必须有精致的制度设计、严格的履约执行和完善的制度保障才能实现理念的初衷。PPP模式能否真正发挥预期的作用，取决于政府和社会资本各方能否真正地做到"在其位，谋其政"，并且能够专业、高效、负责地以契约精神达成PPP项目全生命周期的合作共赢。

二、基础设施 REITs

REITs起源于美国，是一种按照信托原理设计，以发行受益凭证的方式公开或非公开汇集特定多数投资者的资金，交由专门投资机构进行投资经营管理，并将投资综合收益按比例分配给投资者的金融投资产品。基础设施领域REITs实质是通过ABS的方式有效盘活存量基础设施资产，通过公开市场交易挖掘、实现资产的价值最大化，形成投资良性循环，并有效地降低发行企业的资产负债率，明显地改善企业的利润水平和资本结构。《国务院办公厅关于进一步盘活存量资产扩大有效投资的意见》提出："进一步提高推荐、审核效率，鼓励更多符合条件的基础设施REITs项目发行上市。对于在维护产业链供应链稳定、强化民生保障等方面具有重要作用的项目，在满足发行要求、符合市场预期、确保风险可控等前提下，可进一步灵活合理确定运营年限、收益集中度等要求。建立健全扩募机制，探索建立多层次基础设施REITs市场。国有企业发行基础设施REITs涉及国有产权非公开协议转让的，按规定报同级国有资产监督管理机构批准。研究推进REITs相关立法工作。"

基础设施REITs一方面能有效盘活存量资产、补充基建资金来源，有望拓宽融资渠道、降低地方政府和相关企业的杠杆率；另一方面为民间资本提供一类能产生长期稳定收益的资产配置工具，普通投资者可以在首次发行时认购份额，也可以在证券市场上买卖份额。基础设施REITs在借助社会资金扩大基建投资的同时，能完善储蓄转化投资机制，形成"盘活存量"、"稳定金融"和"拉动投资"三位一体、互相促进的良性循环，避免地方政府通过新增负债的方式扩大基建投资，从而降低地方政府对债务融资的依赖性，缓解地方政府财政压力。

根据试点要求，基础设施领域REITs的底层资产通常聚焦于已经进入稳定经营期的优质公共资产，如能源领域的电厂、交通领域的高速公路等风险较低、收益稳定、经营波动性低的资产。

根据《公开募集基础设施证券投资基金指引（试行）》，同时符合下列特征的基金产品可以称为基础设施基金：

其一，80%以上基金资产投资于基础设施资产支持证券，并持有其全部份额；基金通过基础设施资产支持证券持有基础设施项目公司全部股权。

其二，基金通过资产支持证券和项目公司等载体取得基础设施项目完全所有权或经营权利。

其三，基金管理人主动运营管理基础设施项目，以获取基础设施项目租金、收费等稳定现金流为主要目的。

其四，采取封闭式运作，收益分配比例不低于合并后基金年度可供分配金额的90%。

同时，《公开募集基础设施证券投资基金指引（试行）》对基金管理人、基金托管人的职责也提出了要求，认为其从事基础设施基金活动时应当恪尽职守，履行诚实信用、谨慎勤勉的义务，遵守持有人利益优先的基本原则，有效防范利益冲突，实现专业化管理和托管。从当下试点的发布到基础设施领域REITs市场的真正繁荣，相关制度的建设和完善仍是一个较为长期的工作，很难一蹴而就，还需要监管部门、市场主体和研究机构的持续参与和努力。

三、产权交易

产权市场是盘活存量资产的有效途径，具有制度规范、流程顺畅、成本低廉、适应性强等优势，各大交易所持续加强对盘活存量资产的全流程精细化服务，推动存量资产交易更加规范便捷，并引导、调动社会各类机构参与存量资产交易，提升交易效率。《国务院办公厅关于进一步盘活存量资产扩大有效投资的意见》提出，要"充分发挥产权交易所的价值发现和投资者发现功能，创新交易产品和交易方式，加强全流程精细化服务，协助开展咨询顾问、尽职调查、方案优化、信息披露、技术支撑、融资服务等，为存量资产的合理流动和优化配置开辟绿色通道，推动存量资产盘活交易更加规范、高效、便捷。采取多种方式加大宣传引导力度，吸引更多买方参与交易竞价"。

四、兼并重组

2016年10月，国务院印发了《关于积极稳妥降低企业杠杆率的意见》及附件《关于市场化银行债权转股权的指导意见》，这是我国防范和化解企业债务风险的重要文件，也是推进供给侧结构性改革、增强经济中长期发展韧性的一项重要举措。该文件提出了对企业兼并重组的要求，明确了降低杠杆率的具体途径，即通过推进企业兼并重组、完善现代企业制度强化自我约束、盘活企业存量资产、多方式优化企业债务结构、有序开展市场化银行债权转股权、依法依规实施企业破产、积极发展股权融资七个途径，平稳有序地降低企业杠杆率，《国务院办公厅关于进一步盘活存量资产扩大有效投资的意见》提出的"积极探索通过资产证券化等市场化方式盘活存量资产。在符合反垄断等法律法规前提下，鼓励行业龙头企业通过兼并重组、产权转让等方式加强存量资产优化整合，提升资产质量和规模效益。通过混合所有制改革、引入战略投资方和专业运营管理机构等，提升存量资产项目的运营管理能力"。

落实兼并重组方式盘活政府存量资产，要发挥企业的主体作用。充分尊重企业意愿，充分调动企业积极性，通过完善相关行业规划和政策措施，引导和激励企业自愿、自主参与兼并重组。遵循市场经济规则，充分发挥市场机制的基础性作用，规范行政行为，由企业通过平等协商依法合规开展兼并重组，促进市场有效竞争。

第五节　痛点分析

盘活存量资产既是"稳增长"，又是"防风险"，更事关经济高质量发展和安全发展大局。盘活存量资产不仅有助于化解地方政府债务风险；还有助于及时回收资金进行项目投资，进一步促进稳投资和稳增长；更有助于形成存量资产和新增资产良性互动甚至协同互促的发展新格局。盘活存量资产，与地方政府新增资产一样，具有重要的战略意义和发展意义，因此，"两手都要抓，两手都要硬"。

改革开放 40 多年来，我国拥有了规模庞大、功能多样的国有资产，攒下较为殷实的"家底"，尤其是在基础设施等领域形成一大批存量资产，为推动经济社会发展提供了重要支撑。如何有效盘活这些存量资产，让存量资产成为有效投资，关系到国有资产使用效益、保值增值，备受社会关注。但是我们也要看到，部分地方政府依然热衷于"扩债务""扩增量"，对"优存量""资源变资产"尤其是盘活存量资产，缺乏战略认识，存在视野窄、动作慢、办法少、力度弱、注重短期、效果不明显以及积极性不高等现实困境。

存量资产盘活难的主要原因有以下四点：

第一，有些地区可盘活存量资产较少。市场上收益及现金流稳定的优质项目相对较少，有的地方经营性国有房屋已按当地政府要求分期分批划转至国有房屋运营有限公司之类的公司进行运营，其他能盘活的闲置房产体量较小。

第二，部分地区不愿将优质资产证券化，或企业层级较多导致盘活手续复杂。例如，某地高速公路现有权益人不愿意发展 REITs，因为该高速公路项目已完工且收益稳定，所以权益人不愿用优质资产换取短期回报进行其他基建投资，而宁愿长期持有、获取稳定收益。有的国有企业隶属关系复杂，拥有优质资产的企业属于子公司或者孙公司，盘活手续复杂，因此降低了企业的积极性。

第三，部分不动产权属登记办理难度较大。例如，有的房屋占用的土地属于集体用地或农业用地，因土地性质无法办理产权证；有的房屋建设存在未取得规划许可、不符合规划要求或超规划面积建设等问题；有的房屋建设时间久远，无法提供现行规定要求的相关手续；有的公房属于政府交钥匙工程，建设单位与使用单位只进行了实物交接，接收单位无任何手续。

第四，底层资产收入的稳定性受到新冠疫情冲击或外部不确定性因素的影响。例如，新冠疫情期间的居家办公、减少出行对产业园区、高速公路类项目的收益产生较大影响，从而导致基于此类底层资产的REITs产品存在一定的投资风险。

事实上，由于技术发展、需求改变、时代变迁等因素，存量资产"趴窝""睡觉"现象在各地并不少见，有的地方集中在老旧厂房、文化体育场馆和闲置土地等方面，有的地方集中在市政设施、产业园区、仓储物流、旅游设施等方面，有的地方则是国有企业开办的餐饮、疗养、培训等非主业资产出现闲置。

对此，各地方政府应科学谋划、精准施策，全力破解存量资产管理运营中的堵点、痛点，发挥存量资产对提升基础设施运营管理水平、拓宽社会投资渠道、降低政府债务风险的多重效应，从事关高质量发展和经济增长新动力的战略高度来提高认识和增强盘活存量资产工作的必要性。不仅要进一步创新以 REITs 模式、PPP 模式、产业整合、股权整合、资产重组、非主业剥离和市场化资产处置等方式来有效盘活存量资产，而且要进一步创新盘活存量资产的模式和机制，如创新国企重组改革模式、探索要素组合方式或推行"揭榜挂帅"机制。同时，盘活存量资产不仅要注重由政府主导行政事业单位存量资产的清理和盘活，还要积极支持和有效吸引民营企业和社会资本全面参与盘活存量资产。只有这样，才能将政府资源和存量资产的经济潜力与活力释放出来，切实为当地新兴产业和有发展潜力的企业提供资源支持，真正形成当地政府未来的新增财力，进而为当地经济高质量发展提供新动力。

第六节 发展趋势

一、PPP模式发展趋势

经历了"发展—规范—再发展"的螺旋式上升过程后,当前我国PPP已经步入高质量发展的新阶段。我国PPP仍具有广阔的市场空间,可从传统基础设施领域向民生补短板领域、生态环保领域和新基建领域拓展。随着我国"双碳"目标的有序推进,PPP将会与财政可持续发展等理念深度融合,要进一步完善可持续PPP理论架构和项目实践,让PPP朝着高质量、可持续、精细化的方向稳步前进。

站在新时代的新起点,2022年4月26日,中央财经委员会第十一次会议明确提出推动PPP模式规范发展、阳光运行。业界专家建议,要贯彻落实会议重要精神,多措并举,推动PPP模式在发展中完善、在规范中创新,充分释放市场活力,增强发展新动能。

第一,完善政策体系,促进PPP模式规范发展。加快PPP立法进程,统一顶层设计,从根本上解决制度冲突和政策衔接问题,同时营造良好的法治环境,构建PPP统一大市场。

第二,优化营商环境,确保PPP模式阳光运行。加强政府信用体系建设,增强社会资本信心;加强信息公开,提高市场透明度,为PPP高质量发展营造良好营商环境。

第三,强化项目管理,守住规范防风险的底线。夯实项目前期工作,加强项目全生命周期跟踪管理,牢牢守住不增加地方政府债务风险的底线和财政承受能力10%的红线。

二、REITs发展趋势

我国基础设施REITs已稳健起步,随着法律框架、业务规则、价值链条的不断完善，市场仍将稳步扩容，从盘活存量、带动增量到推进资产投资的模式创新，以直接股权融资的路径使资金市场更高效地服务于实体经济。从短期来看，2023 年末基础设施 REITs 上市数量或达 60 只，市值 1500 亿元是较确切的预期，未来 3~5 年万亿元级市场更值得期待。

根据证监会债券部的相关表态，接下来证监会，国家发展改革委投资司、交易所等有关方面还将加快推进基础设施 REITs 常态化发行措施的落地实施，鼓励更多优质成熟、资产类型丰富的项目通过首发和扩募等方式入市，这对于扩大基础设施 REITs 市场规模、盘活存量资产、拓宽基础设施建设资金来源来说无疑注入了强劲的动力。

基础设施 REITs 市场未来也是碳中和金融的重要组成部分，将在三个方面服务于经济社会的低碳转型：一是发挥公募 REITs 市场的投融资功能，支持零碳产业发展；二是公募 REITs 市场可以为不动产领域低碳转型提供市场激励；三是完善的碳定价机制需要公募 REITs 市场。

三、产权交易发展趋势

随着我国金融体制改革的推进及金融市场和产权市场的规范化发展，可以预计的是，产权交易除了普通的现货交易，必将出现期货交易、期权交易和信用交易等现代市场经济中的交易类型，从而使产权交易的类型呈现出多样化。

在当前形势下，国家对健全要素市场体制机制的政策目标已经很明确，产权交易机构应当结合自身的特点顺势而动，在补短板和强功能上扎扎实实下功夫，这样才能够抓住快速提升和完善产权市场体系的机遇。

首先，要在拓宽交易品种方面弥补自己在全要素市场缺失的短板，努力发挥产权交易机构勇于创新的特点，积极推动知识产权、技术产权、管理产权、商业模式产权、大数据产权等新要素产权进场交易，提升产权市场全要素服务的能力，充分挖掘各类生产要素的市场价值。

其次，要不断迭代全流程互联网交易平台的功能，抓住技术进步的机遇，建立交易规则的国家标准，并在此基础之上真正实现交易平台的全程电子化，特别是在类似新冠疫情出现时可以完全做到人员不聚集、平台可交易。同时，还要不断扩大平台用户的覆盖面和市场的区域覆盖范围，从本质上改变产权交易的业态特征，充分利用产权市场大数据提高市场服务层次，提升要素配置能力，特别是应急配置能力，持续改善市场服务效率和客户体验。

最后，要积极构建产权交易平台全产业链服务体系。整合各类金融机构、中介机构、监管机构能力，形成涵盖产权界定、确权登记、价格评估、审核备案、媒体推广、交易流转、担保、保险、结算、交割等功能的集成服务体系；建立产权市场服务联盟和分工协作体系。

四、兼并重组发展趋势

兼并重组是企业加强资源整合、实现快速发展、提高竞争力的有效措施，也是化解产能严重过剩矛盾、调整优化产业结构、提高发展质量效益的重要途径。近年来，我国企业兼并重组步伐加快，但仍面临审批多、融资难、负担重、服务体系不健全、体制机制不完善、跨地区跨所有制兼并重组困难等问题。

随着并购重组逐渐成为企业对外投资的主要方式，其动机也变得更加多样化和复杂化，除了抢占市场资源，还包括促进企业多元化发展、提高企业风险抵抗能力及对行业市场的整合等。所以，从中国企业并购重组的战略性角度看，它存在以下趋势。

(一) 并购方式和并购主体向更多元化方向发展

一方面，并购的策略不再局限于横向并购或纵向并购，综合型并购成为未来的发展趋势。另一方面，随着企业规模的扩大，对企业本身的竞争力和抗风险能力都有了更高的要求。特别是 2008 年全球金融危机爆发后，我国的企业已经深刻认识到，固守某个行业所带来的垄断优势反而会导致企业缺乏抵御全球金融风险的能力，因此使企业朝着多元化和综合化方向发展、横向并购和纵向并购相结合的综合型并购是未来企业进行并购重组的重要方式。通过综合型并购，企业掌握产业链的各个环节，不但有利于通过资源整合来提升整体产业发展水平，还使企业摆脱了单一元素的经营模式，增加了盈利点和风险抵抗能力。

（二）金融企业和资本市场朝更多元化方向发展

伴随企业在并购重组过程中的综合化发展趋势，作为企业并购活动的重要支持者，金融企业也开始进行多元化调整，以满足不同行业中企业的资本需求。随着经济全球化发展，企业之间的联系和竞争变得更加密切，与此同时，这种全球化的经济活动也迫使金融机构及时调整自身的经营方式和战略部署，使之能为不同的企业提供更加高效和完善的金融服务。

第四章

PPP项目资产证券化

ACTIVATE

THE STOCK OF

ASSETS

第 一 节　 基 本 概 述

一、基本概念

（一）PPP 的基本概念

PPP（Public-Private-Partnership）是指政府和社会资本之间以提供产品和服务为出发点，达成特许权协议，形成共同提供产品和服务、共享利益、共担风险、全程合作的合作伙伴关系。

PPP 模式是公共基础设施中的一种项目运作模式，以各参与方的"双赢"或"多赢"为合作的基本理念，鼓励私营企业、民营资本与政府合作，参与公共基础设施建设。它的典型的结构：在公共服务领域，政府采取竞争性方式选择具有投资、运营管理能力的社会资本，双方按照平等协商原则订立合同，由社会资本提供公共服务，政府依据公共服务绩效评价结果向社会资本支付对价。PPP 以市场竞争的方式提供服务，主要集中在纯公共领域、准公共领域。PPP 不仅是一种融资手段，还是一次体制机制变革，涉及行政体制改革、财政体制改革、投融资体制改革。采用这种模式的实质是政府通过给予私营公司长期的特许经营权和收益权来加快基础设施建设及有效运营。

（二）ABS 的基本概念

关于资产证券化（Asset-Backed Securitization，ABS），证监会在 2004 年 10 月发布的《关于证券公司开展资产证券化业务试点有关问题的通知》中将其定义为："证券公司面向境内机构投资者推广资产支持受益凭证，发起设立专项资产管理计划，用所募集的资金按照约定购买原始权益人能够产生可预期稳定现金流的特定资产(即基础资产),并将该资产的收益分配给受益凭证持有人的专项资产管理业务活动。"

ABS之所以会产生和发展主要是由于金融机构资金存在缺口且缺口持续存在,即缺口理论和持续期缺口理论。市场中任何产品的供给和需求不会永远处在一个平衡点,金融机构的资产和负债也一样,资产投资一般具有长期性,而负债为了降低风险往往具有短期性,相互的不匹配会造成持续期资金缺口。资金缺口的大小由三部分组成:第一部分是一定期限内到期的资产和负债之间的差额,第二部分是根据市场情况需要重新确定利率的资产和负债之间的差额,第三部分则是第一部分和第二部分复合情况下的资产负债缺口。ABS通过将金融机构的部分资产卖给特殊目的载体(SPV)进行资产支持证券发行,在减少利率风险的同时为金融机构持续提供资金供应,在缩小资金缺口的同时还可能获得一定收益。资金缺口是市场运行的结果,对缺口缩小和控制的需求一直存在,ABS由此诞生并不断发展。

根据ABS的基础资产不同,可将资产证券化分为不动产证券化、应收账款证券化、信贷资产证券化、未来收益证券化(如高速公路收费)、债券组合证券化等。根据资产证券化发起人、发行人和投资者所属地域不同,可将资产证券化分为境内资产证券化和离岸资产证券化。根据证券化产品的金融属性不同,可以将资产证券化分为股权型证券化、债券型证券化和混合型证券化。

值得注意的是,尽管资产证券化的历史不长,但相关证券化产品的种类层出不穷,名称也千变万化。最早的证券化产品以商业银行房地产按揭贷款为支持,故称为按揭支持证券(MBS);随着可供证券化操作的基础产品越来越多,出现了资产支持证券(ABS)的称谓;后来,由于混合型证券(具有股权和债权性质)越来越多,更用抵押债务证券(Collateralized Debt Obligations,CDOs)代指证券化产品,并细分为贷款抵押证券(CLOs)、抵押担保证券(CMOs)、债券抵押证券(CBOs)等产品。

(三)PPP+ABS的基本概念

PPP项目资产证券化(PPP+ABS)是指把PPP项目未来的现金流作

为基础资产，依托项目未来收益权进行信用增级，然后发行 ABS 产品的过程。由于 PPP 项目本身的现金流较为稳定和明确，符合 ABS 对基础资产的要求，因此两者可以较好地结合。事实上，ABS 可以将项目未来的现金流提前收回，使企业在进行投资的同时降低财务杠杆，提高资金的流动性，从而提高投资者长期投资的能力，且 PPP+ABS 通过上市发行可降低企业获得资金的成本，节省利息支出，增加企业利润。

二、发展历程

（一）我国 PPP 的发展概况

PPP 在我国应用和发展的第一阶段始于 20 世纪 80 年代中期，以建设—经营—转让（BOT）模式作为代表。

第二阶段起自 2008 年北京奥运会及配套建设项目的投资、建设，以及 2004 年原建设部推行的市政公用事业的特许经营。在这个阶段，外国企业、国有企业和民营企业等大量参与，操作模式以 BOT 和移交—经营—移交（TOT）为主。

第三阶段以 2013 年为起点，党的十八届三中全会提出允许社会资本通过特许经营等方式参与城市基础设施投资和运营，让市场在资源配置过程中发挥决定性作用。自 2014 年下半年以来，有关部门发布了一系列 PPP 相关文件，PPP 逐步推广成为主流投资和融资方式。

PPP 模式作为我国适应时代发展的创新型融资工具，在引导社会资本参与社会基建、缓解政府债务危机、高效利用各方优势资源、加快新型城镇化建设、提升国家治理能力、构建现代财政制度、实现社会效益最大化等方面具有重要意义。

（二）我国 ABS 的发展概况

我国从 20 世纪 90 年代开始 ABS 业务的探索。1992 年第一单"类"ABS 产品三亚地产投资证券发行。随后，中远集团、中集集团、广深珠高速陆续尝试了离岸 ABS 并取得了成功。

我国正式的 ABS 历程开始于 2005 年。2005～2007 年试点规模 150

亿元，实际发行 188 亿元；从 2007 年开始，试点规模 600 亿元，但其在
2008 年遭遇全球金融危机而被暂停，实际发行 480 亿元；2012 年，ABS
业务重新启动。

自 2012 年以来，我国经济发展面临的国内外环境变得更加复杂，稳
增长、调结构、促改革成为经济和金融工作的大局。如何引进其他市场
主体共建一个高效、完善的金融体系来为实体经济服务是我国经济和金
融发展中需要考虑的重大难题，而 ABS 正是破解该金融难题的有效工
具，特别是当时货币政策刺激经济的空间缩小，我国政府也明确了未来
需要"盘活存量，用好增量"的战略。ABS 有助于盘活存量资产，实现总
体提升，并能够推动经济结构调整和转型升级，因此我国发展 ABS 的迫
切性越来越大。

2012 年 5 月，财政部、银监会和人民银行发布《关于进一步扩大信
贷资产证券化试点有关事项的通知》。2013 年 8 月 28 日，李克强总理主
持召开国务院常务会议，决定进一步扩大信贷资产证券化试点。2015 年
6 月，国务院国资委发布《关于进一步做好中央企业增收节支工作有关事
项的通知》，要求央企推动 ABS 发展，自此我国 ABS 的大发展时期来临。

（三）我国 PPP+ABS 的发展历程

尽管政府在基建过程中大量采用 PPP 模式在一定时期内加速提高了
社会基础设施建设和服务产品的效率，但是在长期实践之后问题和缺陷
也开始显现。PPP 项目工程多是市政基础建设，对资金的需求量大，大
多数社会资本难以满足和支撑，使其面临融资难的问题。它的建设运营
期长，投资回报期也偏长，资本长期面临被锁定，加大了社会资本的退
出难度。此外，社会基建项目具有公益性，政府方会对社会资本方追求
超额收益进行限制，使得项目投资回报率偏低。以上系列因素致使大量
社会资本被排除，余下的社会资本参与积极性也大幅降低。ABS 作为基
础设施领域重要融资方式之一，对盘活 PPP 项目存量资产、加快社会投
资者的资金回收、吸引更多社会资本参与 PPP 项目建设具有重要意义，
PPP 与 ABS 的结合也可有效缓解上面提到的问题。

2016 年，中共中央、国务院印发的《关于深化投融资体制改革的意

见》指出："依托多层次资本市场体系，拓宽投资项目融资渠道，支持有真实经济活动支撑的资产证券化，盘活存量资产，优化金融资源配置，更好地服务投资兴业。"此外，2016 年，证监会发布的《资产证券化监管问答》中也明确了社会公共产品、服务相关的收费权类资产以及环保项目等可作为 ABS 的基础资产；2017 年，上海证券交易所、深圳证券交易所同时发布的《关于推进传统基础设施领域政府和社会资本合作（PPP）项目资产证券化业务的通知》明确指出，对符合发改投资〔2016〕2698 号文条件的优质 PPP 项目 ABS 产品实行"5+3"（5 个工作日提出反馈意见，收到反馈后 3 个工作日明确是否符合挂牌要求）的即报即审措施，打造绿色通道；2019 年，中国证券投资基金业协会发布的《政府和社会资本合作（PPP）项目资产证券化业务尽职调查工作细则》等系列自律规则进一步完善 PPP 业务规则体系，规范和指导 ABS 业务的尽职调查工作，提高尽职调查工作质量。

由此，PPP 项目 ABS 有了更多政策的扶持，可以进一步走得更深更远。具体相关政策如表 4-1 所示。

表 4-1　相关政策梳理

出台部门	时间	政策名称
国家发展 改革委、证监会	2016 年 12 月	《关于推进传统基础设施领域政府和社会资本合作（PPP）项目资产证券化相关工作的通知》
财政部、人民 银行、证监会	2017 年 6 月	《关于规范开展政府和社会资本合作项目资产证券化有关事宜的通知》
中国证券投资 基金业协会	2014 年 12 月	《资产支持专项计划备案管理办法》 《资产证券化业务基础资产负面清单指引》 《资产证券化业务风险控制指引》
证监会	2016 年 5 月	《资产证券化监管问答》
上海证券交易所	2017 年 2 月	《关于推进传统基础设施领域政府和社会资本合作（PPP）项目资产证券化业务的通知》
深圳证券交易所	2017 年 2 月	《关于推进传统基础设施领域政府和社会资本合作（PPP）项目资产证券化业务的通知》
中国证券投资 基金业协会	2019 年 6 月	《政府和社会资本合作（PPP）项目资产证券化业务尽职调查工作细则》
上海证券交易所	2017 年 10 月	《上海证券交易所政府和社会资本合作（PPP）项目资产支持证券挂牌条件确认指南》《上海证券交易所政府和社会资本合作（PPP）项目资产支持证券信息披露指南》

资料来源：根据公开资料整理。

三、存在的痛点

(一)未实现真正破产隔离

与普通的债券发行相比,ABS 产品交易结构更加复杂,其中特殊目的载体即 SPV,具有财产独立、运营独立、债务独立的特点,在基础资产真实出售之后能实现真正的破产隔离,从而将基础资产从发起人的信用风险中分离出来,不受发起人信用评级的影响。但目前发行的 PPP 项目 ABS 产品,一般只是通过各种方式进行信用增级,较难真正实现破产隔离,究其原因:一方面是基础资产的收费收益权法律性质不明,价值波动较大,导致难以实现资产的定价和真实出售;另一方面是在大多数的非经营性 PPP 项目中,SPV 没有独立的经营管理人员,持续经营能力较差,难以满足内部控制制度健全的要求,仍需要依靠外部机构的信用增级。

(二)PPP 周期与 ABS 产品期限不匹配

PPP 项目的周期长,经营期通常在 10 年以上,属于中长期投资项目,但市场投资者的投资偏好主要为短期投资,而 ABS 产品的期限一般在 5 年以内,这意味着,单个 PPP 项目的全周期较难被单个资产支持专项计划所覆盖,即存在期限错配问题。该问题会导致融资期限拉长、融资成本增加。

(三)相关法律法规尚不健全

PPP+ABS 是我国重要的金融创新,但因为发展时间较短,相关法律法规的制度建设尚不成熟,存在一定的法律空白区域。一方面,缺少相应的上位法;另一方面,具体的操作细则有待完善。相关法律法规的缺失使各主体之间产生纠纷的可能性大大增加,而且阻碍了 PPP 项目 ABS 的顺利实施。

(四)基础资产收益与证券化价格存在"倒挂"现象

PPP 项目以准公益性项目为主,民生属性突出,项目收益率不高,且产品定价管控严格、调价程序复杂，在市场利率中枢上移的情况下，基础资产收益与证券化价格存在"倒挂"现象，给产品发行带来困难。

四、发展趋势

（一）关注基础资产特点，实现破产风险隔离

对于目前证券化产品基础资产较为单一，无法有效实现破产隔离这一问题，可以通过在 PPP 项目的 ABS 过程中关注基础资产固有的特点来解决。一方面，可以选择将收费收益权托管给独立的第三方资金管理机构，由第三方机构监管和归集以保证项目运营期资金；另一方面，项目公司须将基础资产真实出售给特殊目的载体（SPV），在出售时通过合同条款或者规章制度来约定基础资产与项目公司之间相互独立的关系，做到真正意义上的破产风险隔离。

（二）开放资产池，解决周期不匹配的问题

目前，市场上解决产品存续期短的问题是通过分期管理 PPP 项目 ABS 来实现的，这种方法操作繁琐，会增加融资成本。在这个问题上，可以借鉴国外 PPP 项目 ABS 的经验，如印度采取信托的方式进行 PPP 项目 ABS，这种方式与中国相比最大的特点是资产池是开放的，项目公司可将其名下具有相似现金流入的资产放入同一资产池中。这种方法不仅能够延长证券化产品的生命周期，还能够提高证券化产品的多样性。

（三）完善现有制度，提高 PPP+ABS 产品质量

首先，完善 PPP 项目 ABS 的相关法律法规，规范 ABS 过程中各个参与方的行为、权利及义务；其次，在注重发展的同时注重质量上的严格把关，建立一套高效、完善的标准化流程以保障未来 PPP 项目 ABS 产品的质量能够有所提升；最后，在选择项目时要注重项目收益率的评估，尽量选择基础资产现金流更稳定、收益率更高的 PPP 项目进行 ABS，以此吸引更多中长期投资者。这类投资者主要包括保险资金、社保基金、住房公积金等，可以积极引导它们进入 PPP 项目 ABS 产品市场，增加该

产品在市场上的接受度。

（四）完善 PPP+ABS 产品的交易机制

解决 PPP 项目 ABS 产品在交易机制方面存在的问题可从多个阶段入手：在产品审批阶段，需要上海证券交易所和深圳证券交易所的积极配合，如增加 PPP 项目 ABS 产品的专用审核窗口，以提高 ABS 产品在备案、审批、通过方面的速度；在产品发行阶段，应完善产品的发行机制，如建立更加快速的审核机制及体系，保证产品发行的时间效率。

第 二 节　条 件 与 流 程

一、PPP 底层资产筛选标准

《财政部关于推广运用政府和社会资本合作模式有关问题的通知》（财金〔2014〕76 号）明确指出："适宜采用政府和社会资本合作模式的项目，具有价格调整机制相对灵活、市场化程度相对较高、投资规模相对较大、需求长期稳定等特点……优先选择收费定价机制透明、有稳定现金流的项目。"

财政部描述适合 PPP 项目的特点，反映了 PPP 项目的一些重要特征，但非全部，且财政部本身有化解地方债务、防范财政风险的偏重考量，所以优先选择有稳定现金流的项目。此外，适合采用 PPP 的项目还应具备以下六个基本特征：

第一，参与方至少有一方应为公共机构。如前所述，PPP 适用于公共所有的泛基础设施领域，提供公共产品和公共服务，故 PPP 的参与各方中必须至少有一方为公共机构，即 PPP 中的政府（Public）。《财政部关于印发政府和社会资本合作模式操作指南（试行）的通知》（财金〔2014〕113 号）也特别明确了此公共机构为"县级以上人民政府或其指定的有关职能部门或事业单位"。

第二，需求长期稳定。公共产品（含公共服务）具备长期、持续、连贯的大量需求是 PPP 应用的基本前提，项目若非有长期稳定需求（如政府为履行其自身职能需要购买某专业设备），则此类项目不适合采用 PPP 模式。

第三，参与各方应建立长期合作关系，且合作关系应是持久且有关联的，即 PPP 中的社会资本（Partnerships）。PPP 的本质是社会资本向政府提供一项服务，而非一项资产。以交通工程建设项目来说，政府需要社会资本为其提供满足老百姓需求的出行服务，而非交通工程本身，故需要政府与社会资本建立长期稳定的合作伙伴关系，各尽其责、利益共享、风险共担，社会资本承担起设计、融资、建设、运营等全生命周期的责任，特别是运营环节，且合作期限往往持续数十年。单纯的交通资产建设交付的项目并不适合采用 PPP 模式。

第四，投资额具有一定规模。根据国际惯例，PPP 的应用对项目规模有一定要求，一般涉及大额资本投资，因为 PPP 项目一般有较高的交易成本，如果投资额过小，交易成本占比过高，则很难实现项目的物有所值。

第五，项目对所提供的服务有一定的专业性要求。能发挥社会资本的技术、融资、管理等方面的优势，且鼓励社会资本在项目全生命周期的合作过程中更加注重服务或解决方案创新的项目比较适合采用 PPP 模式，简单、标准化、专业度低的普通服务外包不适合采用 PPP 模式。

第六，风险能够合理分担给社会资本。项目风险能否得到合理转移也是判断项目是否采用 PPP 模式的重要考量因素，如果项目大部分风险并不适合转移给社会资本方（或者即便可以转移给社会资本方，成本也相当高），则项目并不适合采用 PPP 模式，而由政府方来实施更物有所值。

二、ABS 对基础资产的要求

从现行立法来看，《证券公司及基金管理公司子公司资产证券化业务管理规定》（以下简称《资产证券化业务管理规定》）和《非金融企业资产支持票据指引》（以下简称《资产支持票据指引》）分别对企业 ABS 和非金融企业资产支持票据（ABN）业务的基础资产进行了规定。

《资产证券化业务管理规定》第三条规定："本规定所称基础资产，是指符合法律法规规定，权属明确，可以产生独立、可预测的现金流且可特定化的财产权利或者财产。基础资产可以是单项财产权利或者财产，也可以是多项财产权利或者财产构成的资产组合……基础资产可以是企业应收款、租赁债权、信贷资产、信托受益权等财产权利，基础设施、商业物业等不动产财产或不动产收益权，以及中国证监会认可的其他财产或财产权利。"企业应收款、租赁债权、信贷资产、信托受益权等财产权利的法律性质是一种既有债权，可称为普通债权类资产，而信托受益权、基础设施、商业物业等不动产收益权都属于未来的债权类资产，可称为收益权类资产。因此，根据上述规定，我国企业ABS的基础资产不仅包含普通债权类资产和收益权类资产，还包括不动产在内的实物资产，范围较广。

我国对企业ABS业务基础资产实行负面清单管理，通过列明禁止作为ABS的基础资产，对基础资产的范围做出一定限制。2014年12月，中国证券投资基金业协会发布的《资产证券化业务基础资产负面清单指引》（中国证券投资基金业协会函〔2014〕459号），第二条规定，ABS业务基础资产实行负面清单管理。负面清单列明不适宜采用ABS业务形式或者不符合ABS业务监管要求的基础资产。实行ABS的基础资产应当符合《资产证券化业务管理规定》等相关法规的规定，且不属于负面清单范畴。

ABS负面清单共包含八类基础资产：

其一，以地方政府为直接或间接债务人的基础资产，但地方政府按照事先公开的收益约定规则，在PPP模式下应当支付或承担的财政补贴除外。

其二，以地方融资平台公司为债务人的基础资产。此处所指的地方融资平台公司是指根据国务院相关文件规定，由地方政府及其部门和机构等通过财政拨款或注入土地、股权等资产设立，承担政府投资项目融资功能，并拥有独立法人资格的经济实体。

其三，矿产资源开采收益权、土地出让收益权等产生现金流的能力具有较大不确定性的资产。

其四，有下列情形之一的与不动产相关的基础资产：①因空置等不能产生稳定现金流的不动产租金债权。②待开发或在建占比超过 10% 的基础设施、商业物业、居民住宅等不动产或相关不动产收益权，当地政府证明已列入国家保障房计划并已开工建设的项目除外。

其五，不能直接产生现金流、仅依托处置资产才能产生现金流的基础资产，如提单、仓单、产权证书等具有物权属性的权利凭证。

其六，法律界定及业务形态属于不同类型且缺乏相关性的资产组合，如基础资产中包含企业应收账款、高速公路收费权等两种或两种以上不同类型的资产。

其七，违反相关法律法规或政策规定的资产。

其八，最终投资标的为上述资产的信托计划收益权等基础资产。

基金业协会至少每半年对负面清单进行一次评估，也可以根据业务发展与监管需要进行不定期评估。《资产支持票据指引》第二条规定，其基础资产是指符合法律法规规定，权属明确，能够产生可预测现金流的财产、财产权利或财产和财产权利的组合。

三、PPP 实施 ABS 的相关要求

（一）基础资产合格标准——PPP 项目收益权

社会资本方（项目公司）以 PPP 项目收益权作为基础资产开展证券化，原始权益人初始入池和后续循环购买入池（如有）的基础资产在基准日、专项计划设立日和循环购买日（如有）除满足基础资产合格标准的一般要求外，还需要符合以下特别要求：

（1）PPP 项目已按规定完成 PPP 项目实施方案评审以及办理必要的审批、核准或备案等相关手续，社会资本方（项目公司）与政府方已签订有效的 PPP 项目合同；在能源、交通运输、水利、环境保护、市政工程等特定领域需要政府实施特许经营的，已按规定完成特许经营项目实施方案审定，特许经营者与政府方已签订有效的特许经营协议。

（2）PPP 项目涉及新建或存量项目改建、依据项目合同约定在项目建成并开始运营后才获得相关付费的，社会资本方（项目公司）应完成项

目建设或改建，按相关规定或合同约定经验收或政府方认可并开始运营，有权按照规定或约定获得收益。

（3）PPP项目合同、融资合同未对社会资本方（项目公司）转让项目收益权作出限制性约定，或社会资本方（项目公司）已满足解除限制性约定的条件。

（4）PPP项目收益权相关的项目付费或收益情况在PPP合同及相关协议中有明确、清晰的约定。

政府付费模式下，政府付费应纳入本级或本级以上政府财政预算、政府财政规划。可行性缺口补助模式下，可行性缺口补助涉及使用财政资金、政府投资资金的，应纳入本级或本级以上政府财政预算、政府财政规划。

（5）PPP项目资产或收益权未设定抵押、质押等权利负担，已经设有抵押、质押等权利负担的，通过专项计划安排能够予以解除，如偿还相关融资、取得相关融资方解除抵押、质押的同意等。

（6）社会资本方（项目公司）与政府方不存在因PPP项目合同的重大违约、不可抗力因素影响项目持续建设运营或导致付费机制重大调整等情形，也不存在因PPP项目合同或相关合同及其他重大纠纷影响项目持续建设运营或可能导致付费机制重大调整的协商、调解、仲裁或诉讼等情形。

（7）PPP项目不得存在政府方违规提供担保，或政府方采用固定回报、回购安排、明股实债等方式进行变相债务融资情形。

（8）PPP项目合同到期日应不早于资产支持证券的最晚到期日。

（9）相关部门确定的其他标准。

（二）基础资产合格标准——PPP项目资产

社会资本方（项目公司）以PPP项目资产作为基础资产开展证券化，除符合上述关于PPP项目收益权的合格标准外，还需符合以下要求：

（1）PPP项目合同等约定社会资本方（项目公司）拥有PPP项目资产的所有权或用益物权，且该等资产可依法转让。

（2）PPP项目已经建成并开始运营。

（3）PPP项目合同、融资合同等不存在社会资本方（项目公司）转让项目资产的限制性约定，或已满足解除限制性约定的条件。

（4）社会资本方（项目公司）以PPP项目资产开展证券化，应继续履行项目运营责任，或重新确定履行项目运营责任的主体并经政府方等认可，确保不得影响基础设施的稳定运营或公共服务供给的持续性和稳定性。

（三）基础资产合格标准——PPP项目公司股权

社会资本方以PPP项目公司股权作为基础资产开展证券化，除符合上述PPP项目收益权的合格标准外，还需符合以下要求：

（1）PPP项目合同、项目公司股东协议或公司章程等对项目公司股东转让、质押项目公司股权及转让的受让方没有限制性约定，或已满足解除限制性约定的条件。

（2）PPP项目已经建成。

（3）PPP项目公司股东协议、公司章程等对项目公司股权股息分配的来源、分配比例、时间、程序、影响因素等做出了明确约定。

（4）PPP项目公司股权股息分配来源于PPP项目收益或其他收益的，相关收益权不存在被转让的情形，且没有被设定质押等权利负担；相关收益权已经设有质押等权利负担的，应通过专项计划安排予以解除，如回购收益权、偿还相关融资、取得相关融资方解除质押的同意等。

（5）PPP项目公司控股股东以项目公司股权作为基础资产发行资产支持证券的规模不得超过其持有股权带来的现金流现值的50%，其他股东发行规模不得超过其持有股权带来的现金流现值的70%。

（6）PPP项目公司控股股东以持有的项目公司股权发行资产支持证券，不得改变对项目公司的实际控制权和项目运营责任，不得影响基础设施的稳定运营或公共服务供给的持续性和稳定性。

（四）优先鼓励的项目

鼓励社会资本方（项目公司）开展下列PPP项目ABS：

（1）行业龙头企业作为社会资本方参与建设运营的项目。

（2）雄安新区和京津冀协同发展、"一带一路"建设、长江经济带建设以及新一轮东北地区等老工业基地振兴等符合国家战略的项目。

（3）水务、环境保护、交通运输等市场化程度较高、公共服务需求稳定、现金流可预测性较强的行业项目。

（4）项目所在地政府偿付能力较好、信用水平较高、严格履行PPP项目财政管理要求的项目。

（5）其他具有稳定投资收益和良好社会效益的示范项目。

社会资本方（项目公司）可以其建设运营的多个PPP项目中具有同质性的基础资产组成基础资产池开展证券化，可以将综合性PPP项目中权属清晰、现金流独立的部分子项目资产单独开展证券化。

四、PPP+ABS产品方案设计

（一）产品结构的设计

在确立了可以实现证券化的基础资产之后，需要根据项目本身净现金流的特点为证券化产品设计完整的产品结构，具体包括产品分层结构、本息偿付结构、存续时间以及票面利率等要素。

（二）产品的票面利率的确定

产品收益率直接关系到产品发行成功与否，定价的高低直接关系到PPP项目融资的效果，而PPP项目往往具有周期长、金额大、涉及政府和民间资本等多方利益的特征，因此，预期收益率和市场利率波动状况、偿还期限等因素均应该考虑在内。

（三）设计并选择增信方式

只通过PPP项目资产自身信用较难满足投资者的客观需求，对此，采取技术手段提高证券化产品的信用等级十分必要。设计并选取一定的增信手段一方面可以满足客户需求，另一方面可以降低产品的风险溢价。

五、PPP+ABS整体实施流程

ABS的基本流程：由基础资产的持有者把需要被证券化的真实资产

打包出售给 SPV，接着由 SPV 将这些资产进行资源整合形成新的资产池。新的资产池的作用是产生未来现金流，以支撑在一级市场有价证券的发行和最后有价证券的清偿。

PPP 项目要实现 ABS，其基本思路也不例外。在选择证券化方式时，PPP 项目公司一般有三种可选模式，分别为表内模式、表外模式和准表外模式。其中，表内模式风险较大。在该模式下，基础资产不打包出售，项目资产用来抵押发行证券。该模式最大的局限性就在于未能真正实现风险隔离。表外模式是目前我国 PPP 项目 ABS 中最常见的选择模式，其典型特征是真正实现了基础资产由 PPP 项目公司到 SPV 的转移，这样在资产转移的同时实现了风险隔离。在准表外模式下，SPV 并非与原项目公司实现分离，而是成为项目公司的子公司，这种模式只实现了风险的部分转移。

PPP 项目 ABS 整体实施流程如图 4-1 所示，主要分为八个步骤：

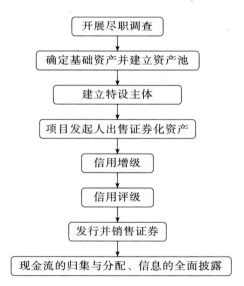

图 4-1　PPP+ABS 整体实施流程

第一步，开展尽职调查。这一过程是 PPP 项目实现 ABS 的必由之路，尽职调查包括对基础资产的合法性进行调查、对 PPP 项目是否具备 ABS 的资格予以调查。为了对基础资产的合法性以及基础资产是否可以作为 ABS 标的进行判断，尽职调查还应基于 PPP 项目的特点对 PPP 项目是否存在非法融资行为进行审核，并对项目的资金分配机制、风险分配机制、收费机制等进行全面审核和分析。

第二步，确定基础资产并建立资产池。一般而言，要求基础资产能产生稳定现金流，信用级别相对较高，会计上能可靠计量。

第三步，建立特设主体。基于 SPV 的性质，SPV 目前主要包括三种类型，分别是特别目的信托（SPT）、有限合伙以及特殊目的公司（SPC）。综合考虑制度耦合、融资成本等因素，有限合伙往往会承担有限连带责任，不适合我国 PPP 项目 ABS 的风险隔离。信托型和公司型 SPV 具有一定的可操作性。在实际的信托中，委托人即原始资产受益人，受托人是合法的专业信托机构，信托财产是由委托机构打包建立的资产池。现行的公司型 SPV 往往是一个专门设立的空壳公司，其职能是向原始权益人购买基础资产，购买资产的价款来源于证券发行所募集的资金。交易完成后该公司再将证券化产品出售给投资者。

第四步，项目发起人出售证券化资产。通过这一步实现风险的隔离。假若今后发起人面临破产，发起人的其他债权人在发起人破产时对该资产没有追索权，从而实现破产隔离。

第五步，信用增级。我国 PPP 项目 ABS 过程中可用的信用增级方式主要有内部增信和外部增信两类。内部增信就是把资产库自身作为防范信用损失的保障，包括设立超额抵押担保、建立储备金和证券分档等方式。外部增信主要是依赖第三方机构提供信用担保。

第六步，信用评级。在信用增级完成后，PPP 项目 ABS 产品进入评级阶段。专业的评级机构会对证券化产品进行信用评级，相关评级信息会公示给投资者，证券信用等级越高，违约风险相对越低。

第七步，发行并销售证券。由 SPV 作为发行人通过券商向特定的投资者销售证券。在资产支持证券得到设立之后，要在基金业协会备案后方能在交易所挂牌交易。认购人往往是在对此项目有了充分的了解后，基于对计划管理人的信任，同意加入专项计划，认购资产支持证券。证券的挂牌交易也需要经过证券交易所的审批、基金业协会的备案审核。产品在挂牌交易时，要根据规定按时完成信息的披露，直至产品清算完毕。

第八步，进行现金流的归集与分配、信息的全面披露，直至产品清算完毕。

第三节　典型案例分析

一、PPP+ABS

污水类资产——首创水务污水处理 PPP 项目及 ABS

1. 项目背景

党的十九大以来，生态环境保护被显著提上国家发展日程，污染防治被列入国家三大攻坚任务，建设生态文明新时代成为下一个发展目标。自 2018 年 1 月 1 日起实施的《中华人民共和国环境保护税法》，以及《生态环境损害赔偿制度改革方案》等政策及条例的出台，使环保法律体系得到进一步完善与巩固。此外，财政部等四部委联合发布的《关于政府参与的污水、垃圾处理项目全面实施 PPP 模式的通知》凸显国家在污水、垃圾处理存量及新建项目中对 PPP 模式的大力推广。环保产业的发展迎来了重要的政策机遇期。

污水处理是环保行业的重要组成部分，随着国家对环保发展的政策导向和红利分配，各级政府都大力开展与污水处理相关的基础设施建设和服务活动。随着环保领域 PPP 模式的推广，大型国企、央企凭借自身掌控的社会资源和低融资成本优势获得大量项目，因此污水处理领域以大型国企及央企居多。

2. 交易结构

首创水务污水处理 PPP 项目交易结构设计如图 4-2 所示。通过《资产买卖协议》、《资产服务协议》、《托管协议》、《监管协议》及《认购协议》搭建原始权益人、资产服务机构、托管/监管机构等相关方与 SPV 的关系，将各主体间的权利与义务连接，形成合理的交易框架。明确专项计划实际落地后各方的责任，保证专项计划的有序开展，开发专项计划的经济效益和社会效益。

3. 主要参与机构

首创水务污水处理 PPP 项目主要参与机构如表4-2所示。

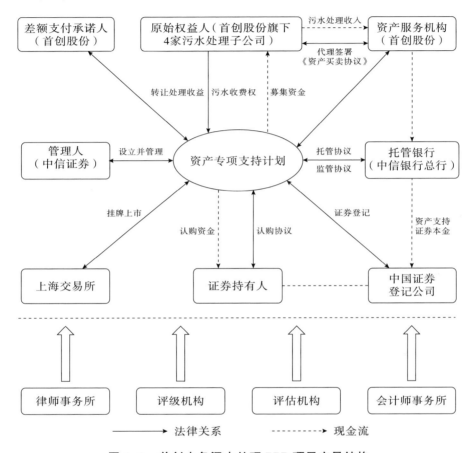

图4-2 首创水务污水处理 PPP 项目交易结构

资料来源：中信证券—首创股份污水处理收费收益权资产支持专项计划说明书。

表4-2 首创水务污水处理 PPP 项目主要参与机构

机构类型	具体机构
发行人/管理人	中信证券股份有限公司
原始权益人	首创股份旗下 4 家污水处理子公司
资产服务机构	首创股份
差额支付承诺人/流动性支持机构	首创股份

机构类型	具体机构
托管银行	中信银行总行
监管银行	中信银行北京观湖国际支行
评级机构	中诚信证券评估有限公司
会计师事务所/评估机构	致同会计师事务所(特殊普通合伙)

4. 基础资产

首创水务污水处理 PPP 项目 ABS 的基础资产为在专项计划设立日首创股份子公司转让给管理人中信证券所持有的未来特定期间内的污水处理收费收益权。特定期间具体是指每年 2 月 1 日至次年 1 月 31 日。根据首创水务污水处理收费收益权资产支持专项计划说明书，基础资产涉及6 个污水处理厂，属于 4 家原始权益人的 6 个特许经营项目之一。首创水务污水处理特许经营项目如表 4-3 所示。

表 4-3　首创水务污水处理特许经营项目

序号	公司名称	项目名称
1	临沂首创博瑞水务有限公司	临沂市第二污水处理厂特许经营项目、临沂市罗庄区第二污水处理 TOT 特许经营项目
2	沂南首创水务有限公司	沂南县第二污水处理厂特许经营项目
3	梁山首创水务有限公司	东明县污水处理厂特许经营项目
4	郯城首创水务有限公司	郯城县污水处理厂特许经营项目、郯城经济开发区污水处理厂 TOT 特许经营项目

资料来源：首创股份污水处理 PPP 项目证券化计划说明书。

根据首创水务污水处理收费收益权资产支持专项计划说明书确定基础资产定价的三个要素是污水处理价格、污水处理量及水费回收率。在污水处理价格方面，特许经营协议规定了污水处理价格与调价机制；在污水处理量方面，规定了保底水量，当水量低于保底水量时，以保底水量结算，而当超过保底水量时，根据特许经营协议规定的水费计算公式结算水费；在水费回收率方面，计算公式为水费回收率=实收水费÷应收水费×100％。

5．信用增级措施

（1）内部增信方式。

第一，优先/次级安排。该专项计划将本息偿付次序进行分级设计，首创股份借鉴了很多ABS项目的方式从内部实现了信用提升。其中，优先级资产支持证券和次级资产支持证券根据不同的收益特征与风险进行分类。在本息偿付次序上，首创股份优先级资产支持证券优于次级资产支持证券。

第二，超额现金流覆盖。除了分级设计，首创股份还选用了超额现金流覆盖这种方式。根据中诚信的评级结果，每期基础资产产生的现金流入均远远高于当期优先级资产支持证券支付额。此外，首创股份进行了压力测试，结果显示在进行假设与多种背景下优先级资产支持证券支付额的覆盖倍数大于1.2，因此这种方式从内部再次为优先级资产支持证券提供了足够的信用支持。

（2）外部增信方式。

第一，首创股份提供足额的流动性支持。作为流动性支持机构，首创股份需要确保向资金归集账户划拨足额的基础资产回收款。为了保证存续期间首创股份子公司的稳定运营，避免其因划付基础资产回收款或其他任何因素导致现金流紧张或不足进而影响其持续经营的情况出现，在专项计划存续期间给予专项计划项下原始权益人资金、管理、经营等各方面的充分支持，保障原始权益人在专项计划存续期间的持续稳定经营。

第二，设置差额支付承诺人。差额支付承诺是指在专项计划终止日之后，依据清算方案管理人中信证券发现专项计划资产仍然不足以支付所有优先级资产支持证券所需的资金时，由差额支付承诺人即首创股份将剩下的余额补足。需要注意的是，此案例中差额支付承诺人是首创股份自身。

第三，首创股份回售和赎回承诺。在此次计划中，首创股份对首创水务04至首创水务18资产支持证券每3年可以进行回售或赎回。准确来讲，是优先级资产支持证券的持有者可以自己选择将所持有的第四期后的优先级资产支持证券份额部分或全部回售给首创股份。

6. 项目特色小结

该专项计划作为政府推行 PPP 项目开展 ABS 业务政策背景下首批落地的项目，其成功发行融资对后续 PPP 资产开展 ABS 业务具有显著示范作用和借鉴意义：有利于加速市政 PPP 项目落地；二次盘活存量资产，降低 PPP 库存项目的流动风险；促进我国市政公共事业的发展。

二、PPP+ABN

（一）停车场类资产——邛崃停车场 PPP 项目及 ABN 产品

1. 项目背景

停车设施的主要运营内容是通过提供机动车保管服务收取相应的服务费用。停车设施是城市建设进程中基础设施建设的重要组成部分，机动车在城市中的正常通行需要有道路条件及停车设施。停车设施作为机动车在城市中停放阶段的重要环节，与机动车正常行驶的道路条件相互依存及制约。根据国家发展改革委的数据，在我国的大城市中，机动车在道路上的行驶时间占比不到 10%，而平均停放时间则超过 90%。在当前宏观经济环境下，发展是重中之重，稳增长的任务尤其艰巨。我国新型城镇化进程加快，然而作为城镇化建设主力的地方政府财政压力巨大，PPP 模式作为一种重要的融资模式将成为缓解地方政府财政压力的重要方式，中央和地方也密集出台了一系列的政策，推动力度和速度前所未有。四川省邛崃市政府根据邛崃市实际情况，广泛开展与社会资本的接触、沟通，了解社会资本合作意向和合理诉求，经深入研究后提出邛崃市城市停车场 PPP 项目实施方案，采用 PPP 模式积极引入社会资本参与本项目运营，并授权邛崃市城市管理局负责本项目的具体实施。该项目在采用 PPP 模式后，在保障资金来源、引入先进的运营和管理经验、保证项目运营和维护质量、提高项目的运营能力方面均有较大优势，同时也大大缓解了市财政的资金压力，确保城市停车场项目的正常运营。

2. 交易结构

图 4-3 中列出了基本交易结构、各方之间的法律关系框架及现金流转过程。

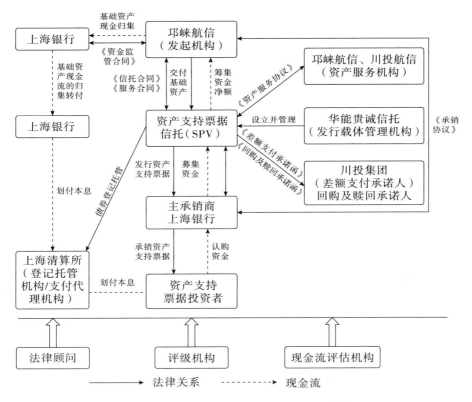

图 4-3　邛崃停车场 PPP 项目交易结构

3. 主要参与机构

邛崃停车场 PPP 项目主要参与机构如表 4-4 所示。

表 4-4　邛崃停车场 PPP 项目主要参与机构

机构类型	具体机构
发起机构	邛崃航信
差额支付承诺人/回购及赎回承诺人	川投集团
发行载体管理机构	华能贵诚信托
资产服务机构一	邛崃航信
资产服务机构二	川投航信
资金保管机构	上海银行股份有限公司成都分行
评级机构	中诚信国际信用评级有限责任公司
法律顾问	北京市金杜律师事务所上海分所
现金流评估机构	天健会计师事务所（特殊普通合伙）

4. 基础资产

本项目底层资产为通过《邛崃市公共停车场PPP项目PPP项目合同》以及相关协议转让给邛崃市航信物业管理有限公司(以下简称邛崃航信)的PPP项目下50个停车场项目的经营权和收益权(所有权不进行转让)。由邛崃航信负责PPP项目下50个停车场资产的运营和维护,并在PPP项目合作期满后根据PPP项目合同约定进行资产移交。邛崃航信将根据PPP项目合同规定获得相应的政府可行性缺口补助和使用者付费。纳入本项目范围内经营权移交的底层资产的50个停车场情况如表4-5所示。

表4-5　停车场基本情况　　　　　　　单位:个

序号	类型	项目名称	拟交付车位数量
1	安置房地下停车位	邛崃市羊安安居工程(一期)A区项目	273
2	安置房地下停车位	羊安安居工程B区	447
3	安置房地下停车位	城北安置小区A区(崇德佳苑)	624
4	安置房地下停车位	城北安置小区B区(锋尚名居)	704
5	安置房地下停车位	东南安置小区B区	1105
6	景区地上停车场	平乐镇水乡人家停车场	475
7	景区地上停车场	平乐镇管委会停车场	208
8	景区地上停车场	天台山游客中心私家车位停车场	1540
9	专用停车场	高铁片区停车场	645
10	街边停车场	崇德路	138
11	街边停车场	当垆街(文君井后门)	23
12	街边停车场	东星大道全段	275
13	街边停车场	东街下段(渔桥至汇源街口)	39
14	街边停车场	文君街(老公园对面)	22
15	街边停车场	玉带街南段	90
16	街边停车场	玉带生活广场	54
17	街边停车场	天庆街(南岳街—较场坝口)	99
18	街边停车场	棉花街82号(成都银行旁道路)	12
19	街边停车场	金桂一街、二街和金桂横街	100
20	街边停车场	永丰路全段	59

续表

序号	类型	项目名称	拟交付车位数量
21	街边停车场	邛陶路靠东侧人行道上	62
22	街边停车场	邛陶路靠西侧	46
23	街边停车场	邛陶路 M 堂外	99
24	街边停车场	天庆街(较场坝—依政路口)	30
25	街边停车场	南宁街	152
26	街边停车场	汇源街	145
27	街边停车场	东锦街	88
28	街边停车场	祥瑞街(七星街口—长松路口)	25
29	街边停车场	阳光路	166
30	街边停车场	蜚虹大道	231
31	街边停车场	蒲口路全段	142
32	街边停车场	七星街	46
33	街边停车场	兴旺街—兴民街全段	68
34	街边停车场	滨河路全段(西桥—宝林塔子坝)	509
35	街边停车场	建设路	49
36	街边停车场	书院街(西街口—永丰路口)	50
37	街边停车场	金宝街	106
38	街边停车场	文昌街(全段)	122
39	街边停车场	司马大道法院对面华夏名苑一期外	82
40	街边停车场	河滨公园(运动、森林广场)	163
41	街边停车场	文虹路	40
42	街边停车场	文北路	40
43	街边停车场	文南路	426
44	街边停车场	文庙街	80
45	街边停车场	长安大道	251
46	街边停车场	洪川小区外	200
47	街边停车场	文星街	101
48	街边停车场	十方堂公园门口及周边	52
49	街边停车场	邛崃一中外	100
50	街边停车场	凌云街	88
合计			10691

5. 信用增级措施

(1)内部增信安排。

第一，优先/次级安排。本ABN通过设定优先级/次级的偿付次序来实现内部信用增级。ABN根据不同的权益风险特征分为优先级ABN和次级ABN。次级ABN获得信托利益分配的权利劣后于优先级ABN。因此，当基础资产产生的现金流不足时，次级ABN将首先承担损失，从而实现对优先级ABN的信用增级。具体而言，本交易中次级ABN为优先级ABN提供的信用支持为3.47%。

第二，基础资产现金流覆盖。根据现金流预测机构的预测结果，本交易底层基础资产在票据存续期内预计可产生现金流入63508.11万元。评级机构基于项目的基本资料、现金流预测报告以及本票据的交易结构设置等，对本期票据存续期间标的项目产生的租金收入与优先级各档ABN应付利息及本金的保障程度进行测算。一般情景下，若优先级A1、A2、A3档次的发行利率分别为3.8%、4.0%、4.5%，则基础资产现金流对于优先级ABN各期本息的覆盖倍数为1.098倍以上。

第三，信用触发机制。本项目设置了违约事件、提前终止事件等信用触发机制。触发事件发生后，将会召开持有人会议；违约事件的发生将改变信托账户回收款的分配顺序。违约、提前终止等重大事件触发后的交易安排缓释了违约事件等风险的影响。违约事件包括ABN评级降低、资产服务机构运营资质丧失或停止经营或计划停止经营其全部或部分的停车场业务、资产服务机构所有的或经营使用的重要资产被转让或被采取司法强制措施、PPP项目被清退出财政部PPP项目管理库或PPP项目合同提前终止等。

(2)外部增信安排。此案例中ABN由四川省投资有限责任公司提供差额支付承诺。差额支付承诺人不可撤销及无条件地向受托人承诺，对资金不足以支付本息的部分承担差额补足义务。在承诺期间，差额支付承诺人承诺对ABN投资人承担差额支付义务，直至优先级ABN的本息清偿完毕。

(3)增信安排触发顺序。此案例中信托计划安排了优先/次级分层、超额覆盖、信用触发机制、差额支付等信用增进措施。就优先级ABN而言，现金流对优先级本息的兑付形成了超额覆盖，可以防范一定范围内的现金流短缺风险；当基础资产产生的现金流不足时，次级 ABN 持有人将以先行承担损失的形式实现对优先级 ABN 的信用增级。

无论现金流归集机制和分配机制发生何种改变，优先级 ABN 获得的保护都为超额覆盖和优先/次级分层等信用增级量。

在上述增信措施中，超额覆盖和优先/次级分层在本项目存续期内每一阶段均发挥作用，而信用触发机制则在特定情况下启动。这三类增信措施在不同时点发挥作用，在一定意义上具有层层递进的关系，进而整体上发挥了增信效果的叠加作用。

首先，在每个支付日，超额覆盖和优先/次级分层使信托层面回收的现金流超过当期应分配的优先级本息；次级份额由于劣后支付，为优先级 ABN 本息的兑付提供了更强的保障。其次，如果在任何一个约定日期，信托账户内资金不足以支付优先级 ABN 的本息，则差额支付承诺人应将差额支付款提前划付至信托账户，从而保证优先级 ABN 的顺利兑付。最后，在信托存续期内，如果触发了违约事件及提前终止事件，将召开持有人大会，同时信托账户回收款的分配顺序也将发生改变。

6. 项目特色小结

邛崃市停车场 PPP 项目积极创新探索新的金融模式，扩展了 PPP+Pre-ABS+ABS 模型，形成 PPP+Pre-ABS/ABN+ABS/ABN，为运用 PPP模式盘活政府存量基础设施资产，形成"盘活存量—投资增量—再次盘活"良性循环，构建基础设施领域绿色金融生态链进一步拓宽了资金渠道。它既为全国加快运用 PPP 模式盘活政府存量基础设施资产起到良好的推动作用，也为全国盘活政府存量基础设施资产、推进 PPP 项目ABS、创新 PPP 投融资模式起到良好的示范作用。

(二) 供水类资产——粤海水务 PPP 项目及 ABN 产品

1. 项目背景

近年来，我国城市供水行业发展迅速。伴随着我国对环境保护的加强、对可持续发展的要求以及对供水行业的大力支持，目前我国供水设施建设已经进入平稳发展状态。而供水行业因其运转专业性、投资周期长和收益回报缓慢的特征，较为适合采用 PPP 模式进行运作。未来 PPP 模式在我国供水行业市场需求很大。

江苏省徐州市作为东陇海线核心城市、国家重要交通枢纽城市，正处在经济高速发展时期，但支撑其经济发展的水资源面临短缺局面。为此，徐州市政府开辟骆马湖水源地及原水管线项目（简称骆马湖 PPP 项目），以提高城市供水能力、保证城市供水需求，同时实现对地下水资源的保护。由于骆马湖 PPP 项目由新建项目及存量项目构成，为更好发挥 PPP 模式在市政公用基础设施项目中的作用，提高服务质量及运营效率，缓解地方政府财政压力，本项目采用移交—运营—移交（TOT）模式进行运作。

在 TOT 运作模式下，徐州市政府在充分竞争的基础上，通过公开招标方式确定了参与骆马湖 PPP 项目的社会资本参与主体——广东粤海；进一步地，由社会资本 A（江苏毅达）、社会资本 B（广东粤海）与徐州市政府授权的国有出资主体——新水公司共同组建原水项目公司粤海水务，并由粤海水务向新水公司收购骆马湖 PPP 项目资产，以实现资产移交并获取特许经营权。在骆马湖 PPP 项目运营期间，粤海水务负责 PPP 项目的运营维护工作，徐州市政府通过政府购买服务的方式依据粤海水务提供的原水供应服务的质量定期向其支付原水供应服务购买费，以平衡项目服务接收方自来水公司的利益及居民自来水费承受能力。特许经营期满后，粤海水务需依约将骆马湖 PPP 项目资产有偿移交至徐州市政府或政府批准的其他主体。PPP 项目的特许经营期共 30 年。

2. 交易结构

粤海水务 PPP 项目及 ABN 的交易结构如图 4-4 所示，具体运作流程如下：

第一，粤海水务与外贸信托签订《信托合同》，将其享有的骆马湖 PPP 项目的原水供应服务收费收益权作为基础资产信托给外贸信托，并由此设立财产权信托作为发行载体以实现破产隔离。外贸信托依约对财产权信托进行管理。

第二，广东粤海作为本期 ABN 的差额补足方是本项目的主要增信来源，在进行结构化设计、重组并完成内外部增信后，引入评级机构联合

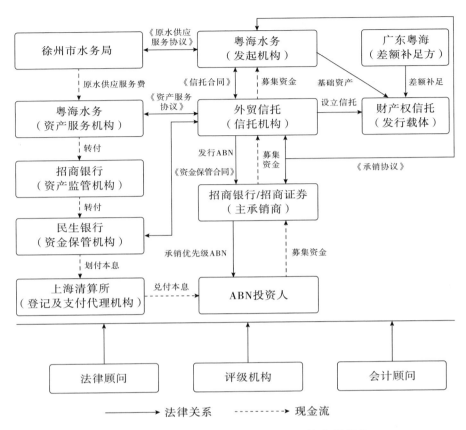

图 4-4 粤海水务 PPP 项目及 ABN 的交易结构

资信对 ABN 进行综合评定。评级结果表明，本期优先级 ABN 的信用等级为 AAA。

第三，外贸信托以财产权信托为发行载体发行本期 ABN。本次发行的 ABN 由招商银行、招商证券担任主承销商，并由其组织承销团，在银行间债券市场根据承销协议采用余额包销的方式承销优先级 ABN。

第四，在 ABS 过程中，外贸信托与粤海水务签订《资产服务协议》，委托粤海水务提供与基础资产、回收款及处置相关的经营和管理服务，并与资金保管机构民生银行南京分行及资金监管机构招商银行广州分行签订合同，委托其为信托提供资金保管服务，以及对回收款提供监管与转付等资金监管服务。

第五，在 ABN 存续期内，粤海水务作为资产服务机构定期将基础资产所产生的现金流归集至资金账户，并委托登记及支付代理机构上海清算所集中向投资者进行本息兑付。

3. 主要参与机构。

粤海水务 PPP 项目主要参与机构如表 4-6 所示。

表 4-6　粤海水务 PPP 项目主要参与机构

机构类型	具体机构
原始权益人	粤海水务
信托机构	外贸信托
牵头主承销商	招商银行
承销团成员	招商银行 招商证券
法律顾问	上海市建纬律师事务所(深圳)
监管银行	招商银行股份有限公司(广州分行)
资金保管机构	招商银行股份有限公司(广州分行)
簿记管理人	招商银行
评级机构	联合资信评估有限公司
信用增级机构	广东粤海控股集团有限公司
会计顾问	信永中和会计师事务所

资料来源：中国资产证券化分析网。

4. 基础资产

粤海水务 PPP 项目及 ABN 的基础资产是指粤海水务依据资产合同在 2017 年 12 月 30 日至 2038 年 3 月 5 日通过运营骆马湖 PPP 项目而对付款义务人徐州市水务局享有的原水供应服务的收费收益权。这一收费收益权是以粤海水务通过特许经营方式享有的原水供应服务收费权为基础，以设立信托的方式，使受托人外贸信托取得要求粤海水务将其定期向徐州市水务局收取的原水供应服务费支付给外贸信托的权利。

5. 信用增级措施

(1)内部增信安排。

第一，优先/次级安排。根据权益风险特征的差异，本期 ABN 在交易结构中设计了优先/次级的结构化安排，分别是"19 粤海水务 ABN001

优先"和"19 粤海水务 ABN001 次"。其中，"19 粤海水务 ABN001 次"的
规模为 0.52 亿元，占发行总额的 3%，由原始权益人粤海水务全额认购。
就信托利益分配而言，"19 粤海水务 ABN001 次"信托利益的分配劣后于
"19 粤海水务 ABN001 优先"。

第二，现金流超额覆盖。根据本交易计划对基础资产现金流预测结
果，在本期 ABN 存续期内，正常情况下，基础资产预计可产生的现金流
入能够实现对"19 粤海水务 ABN001 优先"各期本息的全额覆盖，并且最
小覆盖倍数达 1.22 倍。

第三，信用触发机制。本交易计划设置了加速清偿事件、权利完善
事件及违约事件三类信用触发机制。一旦本交易计划的基础资产或相关
参与主体发生不利事件而启动信用触发机制，将通过改变现金流偿付顺
序、发布权利完善通知及召开持有人大会来保障对"19 粤海水务 ABN001
优先"投资者的本息偿付。

（2）外部增信安排。

第一，流动性支持。在信托利益核算日，若因付款义务人徐州市水
务局未及时支付原水供应服务费，或其支付的原水供应服务费不足以偿
付信托税费及"19 粤海水务 ABN001 优先"的本息，粤海水务作为发起机
构可以选择以自有资金进行垫付并将款项及时划付至监管账户以提供一
定的流动性支持，从而实现对 ABN 的信用增级。

第二，差额支付承诺。在任意信托利益核算日，若信托账户内的资
金不足以支付信托税费及"19 粤海水务 ABN001 优先"的本息，或在信托
终止日经外贸信托根据清算方案核算，信托账户内的资金不足以支付信
托税费及"19 粤海水务 ABN001 优先"持有人尚未获得支付的所有预期收
益及本金，或在本交易计划存续期间发生"19 粤海水务 ABN001 优先"持
有人回售、原始权益人粤海水务回购和赎回情况，而粤海水务无法及时
足额支付所需支付资金，广东粤海作为差额支付承诺人需承担相应的差
额支付义务。

6. 项目特色小结

本案例所涉及的 PPP 项目是财政部首批 30 个示范项目之一，基础
资产质量优良，证券化结构特点鲜明，市场接受度高且具有较强的政策

示范作用。

第一，交易结构典型。本案例所采用的工具是 PPP 项目 ABS 两大工具之一的 ABN，本案例将具有未来性质的原水供应服务的收费收益权作为基础资产并通过 ABN 这一工具进行再融资。在交易结构设计中，本案例采用的是信托型 ABN 的典型交易结构，即通过引入 SPT 作为 SPV 来发行本期 ABN。在该交易结构下，基础资产能够凭借信托财产独立性的特点实现破产隔离，破产隔离效力相较于企业 ABS 模式下得到较大提高，是将信托型 ABN 应用于 PPP 项目 ABS 的成功案例。

第二，市场接受度高。本期 ABN 的发行成本为 4.25%，创 2018 年以来长期 ABS 产品发行利率新低，市场认可度高；该项目在发行过程中采用的是公募发行方式，较好地发挥了 ABN 能够公募发行的优势，拓宽了资金的来源渠道，增加了产品的流动性。

三、PPP+储架式 ABS

（一）项目背景

近年来，随着城镇化进程加快及机动车保有量迅速上涨，停车难、停车贵等问题日益凸显。汽车保有量飙涨，而停车场建设明显滞后，意味着停车场建设至少是万亿元级的市场。由于公共停车位不足，占用道路停车成为普遍现象。行车难、停车难造成的交通拥堵与混乱，正成为困扰城市发展的严重问题。

四川省南充市高坪区政府为贯彻落实党的十八届三中全会关于"允许社会资本通过特许经营等方式参与城市基础设施投资和运营"精神，拓宽融资渠道，促进政府职能转变，完善财政投入和管理方式，根据国务院、财政部、国家发展改革委关于推进 PPP 模式的相关政策文件通知，启动实施了南充市高坪区城区停车场存量 PPP 项目。

（二）交易结构

高坪停车场 PPP 项目交易结构如图 4-5 所示，具体运作流程如下：

（1）认购人通过与计划管理人签订《认购协议》，将认购资金以专项

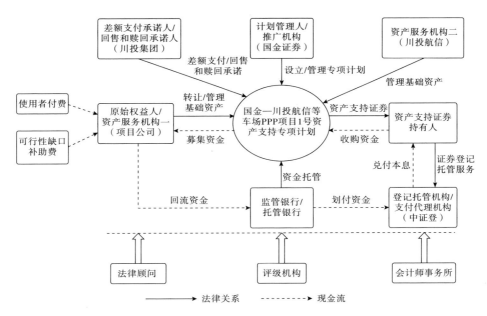

图4-5 高坪停车场 PPP 项目交易结构

计划方式委托计划管理人管理，计划管理人设立并管理专项计划，认购人取得资产支持证券，成为资产支持证券持有人。

（2）计划管理人根据与原始权益人签订的《基础资产买卖协议》的约定，将专项计划资金用于向原始权益人购买基础资产。

（3）资产服务机构根据《服务协议》的约定，负责基础资产对应的现金回流的回收和催收。

（4）监管银行根据《监管协议》的约定，在回收款转付日依照资产服务机构的指令将基础资产产生的回收款从监管账户划入专项计划账户，由托管银行根据《托管协议》对专项计划资产进行托管。

（5）当发生任意差额支付启动事件时，差额支付承诺人根据《差额支付承诺函》将差额资金划入专项计划账户。

（6）计划管理人根据《计划说明书》及相关文件的约定，向托管银行发出分配指令，托管银行根据分配指令，将相应资金划拨至登记托管机构的指定账户，用于支付资产支持证券本金和预期收益。如果资产支持证券尚未在中国证券登记结算有限责任公司（以下简称"中证登"）深圳分公司完成登记及深圳证券交易所挂牌或其他原因，经计划管理人同意并发送相关划款指令至托管银行，托管银行应按照计划管理人的划款指令将待分配资产划付至资产支持证券持有人指定的资金账户。

(7)中证登深圳分公司应在资产支持证券兑付登记日通过清算系统与资产支持证券持有人指定的证券公司办理资产支持证券的应付资金清算，在兑付日与其完成资金交收。持有人可在兑付日获得对应资金，遇非工作日顺延。

（三）主要参与机构

高坪停车场PPP项目主要参与机构如表4-7所示。

表4-7　高坪停车场PPP项目主要参与机构

机构类型	具体机构
计划管理人/推广机构	国金证券
原始权益人/资产服务机构一	南充高坪航信停车投资管理有限公司
差额支付承诺人/回售和赎回承诺人	川投集团
托管银行	中国工商银行股份有限公司四川省分行
监管银行	中国工商银行股份有限公司成都春熙支行
登记托管机构/支付代理机构	中证登深圳分公司
法律顾问	北京市金杜律师事务所
会计师	大华会计师事务所(特殊普通合伙)
评级机构	中诚信证券评估有限公司
资产服务机构二	川投航信

（四）基础资产

本次项目底层资产的构成为通过《南充市高坪区城区停车场存量(PPP)项目PPP项目合同》以及为资产置换而签订的相关协议转让给高坪航信的PPP项目下12个停车场项目的经营权，由高坪航信负责PPP项目下12个停车场资产的运营和维护，并在PPP项目合作期满后根据PPP项目合同约定进行资产移交。高坪航信将根据PPP项目合同规定获得南充市高坪区人民政府支付的相应可用性服务费和运维绩效服务费。

纳入本期项目范围内经营权移交的底层资产的 12 个停车场基本情况如表 4-8 所示。

表 4-8　停车场基本情况

序号	交付批数	停车场	停车位数（个）	建筑面积（平方米）
1	1	南充现代物流园一期地下车位	1024	50000.00
2	1	南充现代物流园二期 A 区地下车位	1450	94870.45
3	1	丽景苑一期、丽景苑二期地下车位	2054	73300.41
4	1	永丰路 2 段地下停车场	47	997.00
5	1	永丰路 2 段地面停车场	54	1650.00
6	2	江山丽景地下车位	498	19774.00
7	2	南充航空港打铁娅还房（棚户区改造）工程地下停车位	862	33790.00
8	2	河东嘉园 A 区地下停车位	201	—
9	2	河东福园地下停车位	538	21137.00
10	3	凤凰山家园 A、B 标段地下停车位	550	—
11	3	河东新园（河东嘉园 B 区）地下停车位	380	—
12	3	都京丝坊工业园区棚户区改造工程地下停车位	1218	44641.00
合计			8876	79482.96

（五）信用增级措施

1. 基础资产现金超额覆盖

国金—川投航信停车场 PPP 项目 1 号资产支持专项计划基础资产在专项计划存续期内预计可产生现金流入 7.36 亿元，优先级资产支持证券本金合计 5.00 亿元，本息合计 6.08 亿元，基础资产现金流入对优先级资产支持证券的本金和本息的覆盖倍数分别为 1.47 倍和 1.21 倍，为优先级资产支持证券本息的偿付提供了一定的信用支持。

2. 内部分级结构

本计划通过设定优先级/次级受偿顺序的交易结构来实现内部信用提

升。资产支持证券发行总规模不超过 5.30 亿元，其中优先级资产支持证券为 5.00 亿元，次级资产支持证券为 0.30 亿元，次级资产支持证券占比为 5.66%。次级资产支持证券由次级资产支持证券投资者全额认购。

3. 差额支付承诺

根据《差额支付承诺函》，在专项计划终止日之前，截至任何一个兑付日的前一个托管银行报告日专项计划账户内可供分配的资金不足以支付该兑付日应付的专项计划费用或优先级资产支持证券的预期收益或优先级资产支持证券的未偿本金，以及在专项计划终止日之后，管理人根据清算方案确认专项计划资产仍不足以支付该兑付日应付的专项计划费用或优先级资产支持证券的预期收益或优先级资产支持证券的未偿本金，均构成差额支付启动事件。差额支付启动事件发生后，计划管理人在差额支付启动日向差额支付承诺人发出通知，川投集团应根据标准条款及《差额支付承诺函》的约定履行差额支付义务，川投集团获取指令后，于差额支付承诺人划款日下午四点前将差额支付指令中载明的差额资金无条件足额汇付至专项计划账户，托管银行收款后于当日将收款确认凭证通过传真或邮件的方式发送给计划管理人。

4. 川投集团提供回售和赎回支持

川投集团不可撤销及无条件地向计划管理人(代表专项计划及资产支持证券持有人)出具《回售和赎回承诺函》，约定如下：

(1)在专项计划设立日后的赎回日前的第 25 个工作日，回售和赎回承诺人有权选择一次性赎回所有截至当期兑付日尚未到期的优先级资产支持证券。如果回售和赎回承诺人赎回全部优先级资产支持证券，专项计划正常存续。回售和赎回承诺人作为优先级资产支持证券持有人，可以行使相关权利。

(2)在回售登记期内，优先级资产支持证券持有人有权选择将所持有的届时未到期的优先级资产支持证券份额全部或部分回售给回售和赎回承诺人。

(3)若赎回日前的回售登记期结束后，扣除已经回售登记部分剩余的优先级资产支持证券的剩余本金规模之和低于专项计划设立时资产支持证券初始本金规模之和的 20%(含)，则回售和赎回承诺人有权赎回优先级资产支持证券的所有剩余份额，专项计划提前结束。

回售和赎回承诺人应根据计划管理人的通知于回售日/赎回日前的第7个工作日前将对应回售和赎回所需支付资金（指资产支持证券回售和赎回部分所需支付本金金额，预期收益按照既定安排由专项计划资产负担）支付至托管账户。计划管理人将依照中证登深圳分公司的登记结果在不晚于回售日/赎回日前第3个工作日将对应回售和赎回所需支付资金划付至中证登深圳分公司指定账户，由中证登深圳分公司于该回售日/赎回日向投资者进行分配。

此外，若专项计划设立后，基础资产对应的融资资金可用性服务费计算方法中的贷款总额及贷款利率调整为专项计划本金及优先级资产支持证券预期收益率，则由川投集团赎回全部存续的资产支持证券，专项计划提前终止。

5. 各种增信方式的触发先后顺序

就优先级资产支持证券持有人而言，本专项计划的增信触发方式为：以基础资产现金流产生的超额现金流覆盖倍数对优先级资产支持证券预期收益与本金形成保障；若超额现金流覆盖倍数不足以覆盖资金损失，则次级资产支持证券持有人将以其认购资金为限，对优先级资产支持证券持有人预期收益与本金进行增信；在差额支付启动日，差额支付承诺人承担补足义务；在回售登记期内，优先级资产支持证券持有人选择将所持有的届时未到期的优先级资产支持证券份额全部或部分回售给回售和赎回承诺人时，回售和赎回承诺人须赎回上述优先级资产支持证券份额。

上述增信触发方式的排序并不代表增信方式的启动存在时间上的先后顺序，在满足上述增信方式的触发条件的情况下，各增信方式可以同时触发与启动。

（六）项目特色小结

该项目是川投集团继资阳市雁江区停车场PPP项目成为全国首单停车场PPP项目ABS之后斩获的又一单。项目的实施有效提高了川投集团ABS水平和资本运营效率，进一步提高国有资本功能，为四川经济高质量发展和建设现代化经济强省贡献川投力量。它打通了基础设施领域募—投—管—运—退全流程，形成"盘活存量—投资增量—再次盘活"的良性循环，构建出基础设施领域绿色金融生态链，具有可循环、可持续、可复制的特点，为四川省加快运用 PPP 模式盘活存量资产起到良好的推动作用，也为全国盘活政府存量资产提供了示范性样本。

第五章

基础设施REITs

ACTIVATE

THE STOCK OF

ASSETS

第一节　基本概述

推动基础设施领域不动产投资信托基金 REITs 健康发展是我国"十四五"规划明确的重要举措，也是在基础设施领域有效盘活存量资产的重要手段。它的底层资产成熟稳定，流动性较高，且具有清晰明确的强制分红安排，是实现稳投资、补短板的有效工具，对深化金融供给侧结构性改革意义重大，可以在传统主流金融资产之外为个人理财投资提供更多的选择，是一类具有综合优势的金融产品。

一、基本概念

（一）REITs 和基础设施 REITs

不动产证券化是把流动性较低、非证券形态的不动产资产直接转化为资本市场上的证券资产的金融化过程。REITs 是实现不动产证券化的重要手段，是通过发行收益凭证汇集多数投资者的资金，交由专业投资机构进行不动产投资经营管理，并将投资收益及时分配给投资者的一种投资基金。

基础设施 REITs 是指依法向社会投资者公开募集资金形成基金财产，通过基础设施资产支持证券等 SPV 持有基础设施项目，由基金管理人等主动管理运营上述基础设施项目，并将产生的绝大部分收益分配给投资者的标准化金融产品。按照规定，我国基础设施 REITs 在证券交易所上市交易。简单来说，基础设施公募 REITs 可以让投资者用较少的资金参与到大型基建项目中，从而分享项目的基础收益和使资产升值。

REITs 产生于 20 世纪 60 年代的美国，其底层资产非常丰富，包括基础设施、住宅、工业、零售、数据中心、医疗、写字楼、仓储、单一经营、多元经营和度假村等。

中国公募 REITs 在基础设施领域开展。一方面，虽然 REITs 最早起源于房地产领域，但事实上全球基础设施领域 REITs 市场占比超过30%，美国基础设施 REITs 市场占比接近 40%，具有相当大的比重，因此中国基础设施领域推行 REITs 并非空穴来风，而是审时度势下的中国特色选择；另一方面，中国经济已经从增量时代步入存量时代，基础设施体系规模庞大且具备大量优质资产，尤其是在粤港澳大湾区、长江三角洲等经济发达地区，基础设施资产类别全、规模大、收益好，具备区域一体化的联动和集聚优势。

我国探寻公募 REITs 发行已经有 10 余年，受限于政策、法律法规一直是私募发行的类 REITs，我国公募 REITs 的推出具有重要意义，不仅是防风险、去杠杆、稳投资、补短板的有效政策工具，也是投融资机制的重大创新，而且有助于盘活存量资产，形成存量资产和新增投资的良性循环，促进基础设施高质量发展。

（二）基础设施 REITs 的分类

目前公募 REITs 从底层资产的特点上分类，可以分为产权 REITs 与特许经营权 REITs。

产权 REITs 的底层资产是基础设施项目的所有权和经营权，除了拥有经营权和收费权，还拥有基础设施项目的所有权，通常还包括基础设施项目所处位置的土地使用权。特许经营权 REITs 的底层资产是基础设施项目的特许经营权，比如高速公路收费权，市政供水、供热、供气、供电、污水处理、景区的特许经营权等，它实际上是一种经营权利和收费权利，不拥有特许经营权对应的固定资产的所有权，也不拥有资产所处位置的土地使用权。产权 REITs 与特许经营权 REITs 的区别如表 5-1所示。

表 5-1　产权 REITs 与特许经营权 REITs 的区别

不同点	产权 REITs	特许经营权 REITs
期限定义	参考基础设施项目土地使用权的剩余年限	基础设施项目的剩余特许经营期限
分红意义	产权 REITs 的投资收益率主要看每年的现金分派率	一部分是对自己投入资金的部分返还，另一部分是返还资金对应的收益
到期后价值	到期后可以通过转让基础设施项目的产权和土地使用权取得另一部分收益	到期后就没有价值了

下面具体介绍这两种 REITs 的差别。

第一，期限定义不同。特许经营权 REITs 的真实期限就是基础设施项目的剩余特许经营期限，比如一条高速公路剩余收费期限 15 年，以这条高速公路特许经营权为底层资产的 REITs 期限一般会设置 16～20 年，略长于剩余收费期限，这也是为 REITs 扩募提前做一些准备。如果不考虑扩募，那么 15 年后高速公路收费权到期，高速公路的特许经营权到期，REITs 也到期。

REITs 扩募就是 REITs 向投资者发行新的基金份额，募集来的资金用于购买新的基础设施项目特许经营权或者产权，新的资产和原来的资产经营收益都会用来向 REITs 投资者分红，REITs 的到期期限要重新考虑新放入 REITs 的资产，所以 REITs 期限会相应地延长。

产权 REITs 理论上是没有真正的到期期限的，一般产权 REITs 设置的期限是参考基础设施项目土地使用权的剩余年限，如果土地使用权到期后可以续期，那么产权 REITs 就可以长久存续下去。就像个人购买的商品房一样，虽然房产证上标注了产权期限，但到期后如果可以续期，那么个人的产权期限是可以延长的。

第二，分红意义不同。对于特许经营权 REITs，由于其具有明确的到期期限，对投资者来说，特许经营权 REITs 的每期分红可以理解为包含两部分，一部分是对自己投入资金的部分返还，另一部分是返还资金对应的收益。因此，特许经营权 REITs 更像是债券一样，按期偿还部分本金和利息，不过特许经营权 REITs 的分红是和资产的经营情况挂钩的，所以具有一定的不确定性，收益情况可能超预期，也可能低于预期，这要看资产评估时的预测是否客观，以及后续经营环境是否发生变化。

从初始投资特许经营权 REITs 来看，对投资者来说，它更像是出资建设一个项目，不过可以认为项目是瞬间建设完成并投入运营的，项目每期会给投资者带来经营的回报。从这个角度看，投资者的收益率用固定资产投资项目常用的内部收益率（IRR）衡量更加合适。由于产权REITs没有严格的到期期限，因此产权 REITs 的分红不像特许经营权 REITs 可以分为两部分，也没办法用内部收益率来衡量收益率，产权 REITs 的投资收益率主要看每年的现金分派率（每年的 REITs 可供分配金额除以REITs的净资产）。

第三，到期后价值不同。对于特许经营权 REITs 来说，特许经营权到期后就没有价值了，如果不进行扩募，特许经营权 REITs 的净值也会随着最后一次分红而归零。产权 REITs 则不同，一般情况下土地使用权可续期，因此即便首次发行时约定的产权 REITs 到期，也可以通过持有人大会表决进行续期。如果产权 REITs 的基础设施项目对应的土地使用权到期后无法续期，基础设施项目本身还会有一定的价值，即残值。产权 REITs 到期后可以通过转让基础设施项目的产权和土地使用权取得另一部分收益，用于向投资者分红。由于土地使用权具有增值的可能，因此产权 REITs 相比特许经营权 REITs 偏股的成分更多一些。

（三）基础设施 REITs 的特点

基础设施 REITs 是并列于股票、债券、基金和衍生品的证券品种，产品具备以下特点：

其一，REITs 可盘活存量资产，提升基础设施资产估值，获得流动性溢价，同时提供增量投资资金，改善负债水平，降低企业杠杆率，助力企业向轻资产运营模式转型，更好地推动资本市场服务实体经济。

其二，REITs 产品将 90% 的基金年度可分配利润用于分配，即高比例分红，同时由于基础设施项目权属清晰，现金流持续、稳定，投资回报良好，填补了当前金融产品的空白，丰富了投资品种，因此便于投资者投资流动性较弱的基础设施项目。

其三，REITs 产品规则透明健全，比照公开发行证券要求建立上市审查制度，制定了完备的发售、上市、交易、收购、信息披露、退市等具体业务规则。基础设施项目可借助资本市场公开、透明机制，通过资本市场融资，引导金融资金参与实体项目建设，实现高质量发展。

二、发展历程

国内 REITs 市场发展相对较晚，从 2004 年开始先后经历了探索研究阶段、私募类 REITs 阶段和公募 REITs 阶段（见表 5-2）。

表 5-2　REITs 发展历程各阶段对比

阶段分类	时间	主要产品	典型案例
探索研究阶段	2004~2013 年	境外发行 REITs 产品	越秀 REITs、凯德商用中国信托（CRCT）
私募类 REITs 阶段	2014~2019 年	私募类 REITs 债务性产品	中信起航 REITs、鹏华前海万科 REITs
公募 REITs 阶段	2020 年至今	"公募+ABS" 产品	招商蛇口产业园 REITs、中金普洛斯仓储物流 REITs

（一）探索研究阶段

这一阶段的中国 REITs 主要处于市场探索和理论研究层面，个别基金和资产在境外上市，底层资产多为商业房地产类，尚未有正式的 REITs 产品上市。

从政策上看：2004 年，《国务院关于推进资本市场改革开放和稳定发展的若干意见》的发布，开启了 ABS 业务的探索；2008 年，国务院明确提出开展 REITs 试点；2009 年，中国人民银行联合 11 部委制定了 REITs 实施方案，并在北京、上海、天津试点抵押型类 REITs。

从市场上看，这一阶段的实践以在境外发行 REITs 产品为主，代表产品有越秀 REITs、凯德商用中国信托（CRCT）等。越秀地产 REITs 于 2005 年在中国香港联交所上市，为全球首只投资于中国内地物业的上市 REITs，该基金当时收购的资产主要为白马大厦等 4 处广州物业单位，后期逐步收购了广州、杭州、武汉和上海等地多处物业。凯德集团作为亚洲知名的大型多元化房地产集团，于 2006 年成立凯德商用中国信托。

（二）私募类 REITs 阶段

这一阶段的中国 REITs 政策和市场不断完善，产品以私募类 REITs 债务性产品为主，基础资产也出现多样化趋势，为国内公募 REITs 的推出奠定了良好基础。但相较于公募 REITs，私募类 REITs 在标准化程度、税收负担、增信措施、投资期限、底层资产周转、投资者准入门槛、流动性、透明度等方面仍然存在较大差距。

从政策上看：2014 年，人民银行和银监会联合发布《关于进一步做好住房金融服务工作的通知》，提出积极稳妥开展 REITs 试点。住房和城乡建设部等多部委要求北京、上海、广州和深圳试点 REITs 发行和交易工作。2015 年，住房城乡建设部发布《关于加快培育和发展住房租赁市场的指导意见》，明确提出要积极推进 REITs 试点。

从市场上看，这一阶段的实践以基于 ABS 架构的私募类 REITs 产品为主，市场上发行了超过 30 只产品。这一阶段的代表产品有中信起航 REITs、鹏华前海万科 REITs、保利租赁住房 REITs、菜鸟仓储物流基础设施类 REITs 等。

（三）公募 REITs 阶段

这一阶段中国 REITs 市场正式转向具有权益融资属性的公募 REITs 产品，多只产品的发布标志着公募 REITs 市场的正式起航。但目前国内处于基础设施类 REITs 试点阶段，国外常见的酒店、商场、写字楼等房地产类项目不属于试点范围，交易结构以不完善的"公募＋ABS"为主，整体上处于公募 REITs 发展初级阶段。

从政策上看，2020 年 4 月证监会和国家发展改革委发布《关于推进基础设施领域不动产投资信托基金（REITs）试点相关工作的通知》，这是中国 REITs 市场建设的里程碑事件，公募 REITs 试点对于中国不动产投融资体制改革具有重大意义。2020 年 7 月，国家发展改革委办公厅发布了《关于做好基础设施领域不动产投资信托基金（REITs）试点项目申报工作的通知》。随后，上海证券交易所和深圳证券交易所分别发布了业务办法和业务配套规则，为基础设施公募 REITs 业务明确了相关业务流程、审查标准和发售流程。2021 年 6 月，国家发展改革委发布《关于进一步做好基础设施领域不动产投资信托基金（REITs）试点工作的通知》，将基础设施 REITs 试点区域扩展到了全国各地区，并将能源基础设施、停车场项目市政基础设施、保障性租赁住房、具有供水及发电等功能的水利设施和具有较好收益的旅游基础设施加入试点行业中。2022 年 5 月，证监会办公厅和国家发展改革委办公厅发布的《关于规范做好保障性租赁住房试点发行基础设施领域不动产投资信托基金（REITs）有关工作的通知》，全面推动保障性租赁住房 REITs 业务规范有序开展，严格落实房地产市场调控政策，在发起主体、回收资金用途等方面构建了有效的隔离机制，压实参与机构责任，切实防范 REITs 回收资金违规流入商品住宅和商业地产开发领域，重申保障性租赁住房公募 REITs 的闭环模式，同时鼓励权属清晰、运营模式成熟、具有可持续市场化收益的保障性租赁住房发行 REITs，推动试点项目尽快落地。

综上所述，基础设施 REITs 政策文件如表 5-3 所示。

表 5-3　基础设施 REITs 政策文件

发布日期	发布机关	文件名称
2020 年 4 月	证监会、国家发展改革委	《关于推进基础设施领域不动产投资信托基金（REITs）试点相关工作的通知》（证监发〔2020〕40 号）
2020 年 7 月	国家发展改革委办公厅	《关于做好基础设施领域不动产投资信托基金（REITs）试点项目申报工作的通知》（发改办投资〔2020〕586 号）
2020 年 8 月	证监会	《公开募集基础设施证券投资基金指引（试行）》（证监会公告〔2020〕54 号）
2021 年 1 月	国家发展改革委办公厅	《关于建立全国基础设施领域不动产投资信托基金（REITs）试点项目库的通知》（发改办投资〔2021〕35 号）
	深圳证券交易所	《关于发布公开募集基础设施证券投资基金配套业务规则的通知》（深证上〔2021〕144 号）
	中国证券业协会	《公开募集基础设施证券投资基金网下投资者管理细则》（中证协发〔2021〕15 号）
2021 年 6 月	国家发展改革委	《关于进一步做好基础设施领域不动产投资信托基金（REITs）试点工作的通知》（发改投资〔2021〕958 号）

续表

发布日期	发布机关	文件名称
2022 年 1 月	财政部、税务总局	《关于基础设施领域不动产投资信托基金（REITs）试点税收政策的公告》（财政部 税务总局公告 2022 年第 3 号）
2022 年 5 月	国务院办公厅	《国务院办公厅关于进一步盘活存量资产扩大有效投资的意见》（国办发〔2022〕19 号）
	证监会办公厅、国家发展改革委办公厅	《关于规范做好保障性租赁住房试点发行基础设施领域不动产投资信托基金（REITs）有关工作的通知》（证监发〔2022〕53 号）
2022 年 7 月	国家发展改革委办公厅	《国家发展改革委办公厅关于做好基础设施领域不动产投资信托基金（REITs）新购入项目申报推荐有关工作的通知》（发改办投资〔2022〕617 号）
2022 年 10 月	国家发展改革委	《关于进一步完善政策环境加大力度支持民间投资发展的意见》（发改投资〔2022〕1652 号）

三、存在的痛点

（一）REITs 规模较小，且主要集中在经济发达地区

自 2021 年 6 月首批 9 只基础设施 REITs 成功上市以来，截至 2022 年底，我国共有 25 只基础设施公募 REITs 获批注册，其中 24 只 REITs 已经上市交易，累计募集规模 783.61 亿元，总市值达到 855 亿元。相比已建成的百万亿元量级的基建存量资产，目前我国 REITs 刚起步，且已成功上市的 REITs 主要来自长江中下游、粤港澳大湾区和京津冀地区。

（二）REITs 的相关法律法规尚不完善

REITs 发展较为成熟的国家均对 REITs 进行了专项的立法安排，在 REITs 业务开展的各个阶段通过立法对各参与方的主体资格、REITs 组织形式、发行上市、交易流通、杠杆要求、权益分配、中介管理、信息披露及投资者保护等方面进行全面规范，并出台税收优惠、市场建设等配套政策，以完善的法律制度环境保障 REITs 业务的开展。现阶段我国有关 REITs 的法律法规尚不完善，正在试点的基础设施领域公募 REITs

虽然是在现有国家政策、法律和交易环境下进行的创新，但仍面临较为明显的制度约束，未来我国基础设施领域公募 REITs 的创新发展离不开操作性强、有针对性、体系化的专项法律法规和规范性文件。

（三）REITs 的配套税收优惠机制尚未建立

借鉴国外成熟 REITs 市场发展经验，发现税收优惠政策是项目发行方是否选择 REITs 方式进行融资的核心要素，税收政策关乎 REITs 产品整体的成本和效益，配套的税收优惠政策是 REITs 吸引资金的重要因素。尽管各个国家和地区在税收架构等方面存在一定差异，但是针对 REITs 普遍都有税收减免政策，目前我国创新发展基础设施 REITs 仍面临配套税收优惠机制尚不完善的问题。为支持基础设施 REITs 试点，财政部、税务总局于 2022 年 1 月联合发布了《关于基础设施领域不动产投资信托基金（REITs）试点税收政策的公告》（财政部　税务总局公告 2022 年第 3 号），有效降低了基础设施 REITs 重组及设立阶段的企业所得税税负，减小了实施阶段成本的不确定性，对提高资产供给端的积极性、推动公募 REITs 市场进一步发展壮大具有重要意义。但在 REITs 产品到期后，如果由原始权益人予以回购，涉及项目公司或需再次缴纳企业所得税、增值税、契税、土地增值税等方面的税收优惠政策暂未出台。相信未来随着我国结合公募 REITs 全周期特点逐步完善系统性税收优惠政策，基础设施 REITs 市场一定会蓬勃发展。

（四）资产收益率较低

REITs 规模化发展收益率的高低在一定程度上决定了投资者的投资意愿。从成熟市场经验来看，REITs 产品风险较低，拥有较高的长期收益，一方面来自 REITs 产品持有的不动产的增值，另一方面来自税收优惠政策和每年的高分红。此外，REITs 产品作为稳健增长型金融资产，具有较高的收益风险比和良好的流动性，同时与其他投资品相关性较小，有较大的分散化价值，其不仅能满足养老基金、保险机构等长期机构投资者的意愿，还能满足普通个人投资者以较低投资门槛参与投资商业物业的意愿。然而，目前我国不动产行业整体资产收益率不高，较难达到资本市场投资者要求，投资者投资意愿不强在一定程度上限制了 REITs 市场的发展。我国公募 REITs 试点聚焦基础设施领域，尚未涉及商业地产，而基础设施不动产所有权和特许经营权通常都有时间期限，且由于关系国计民生，基础资产有公共产品与服务的属性，运营收费通常由政府定价，因此整体收益率水平不高、增长性较差，这使得基础设施领域公募 REITs 难以实现规模化发展。

（五）市场人才储备不足

REITs 的快速健康发展离不开具有复合知识背景、丰富操作经验的专业人才。REITs 作为一种较为复杂的兼具金融属性与不动产属性的产品，业务涵盖板块较多，不仅涉及资本市场、不动产市场，而且在法律、会计、税务筹划等方面的处理也较为复杂，因此需要对产品设计、法律法规、税务处理、资产管理运营等多方面知识有深度理解的专业人才。我国不动产和基础设施领域经过多年的高速发展，在资产规模上积累了巨大的体量，但不动产和基础设施领域的资本市场工具发展仍相对滞后，REITs 相关人才储备不足，未能较好服务于不动产和基础设施领域 REITs 的发展。在基础设施公募 REITs 开展的全流程中，参与机构既包括公募基金等专业投资机构，也包括律师事务所、会计师事务所等中介机构，各参与方均需拥有较强的专业服务能力和相关复合型专业人才以共同协作支持 REITs 市场的健康发展。

四、发展趋势

（一）完善公募 REITs 的基础制度建设

为促进我国基础设施 REITs 市场平稳较快发展，需要从法律和税收两个方面进行基础制度建设。在法律制度建设方面，目前我国 REITs 法律制度尚不完善，相关规定的法律效力较低。随着法律制度的完善，REITs 市场将更加规范和成熟。建立健全涉及 REITs 发行、交易、运作等各个环节的法规，保障 REITs 市场的稳健发展。在税收制度建设方面，成熟 REITs 市场通常是通过税法的修改来确定 REITs 产品的税收优惠政策，税收优惠政策直接关系到 REITs 产品的收益水平，基础设施领域公募 REITs 的健康发展有赖于相关税收制度的明确和完善。政府可以出台激励政策，提供税收减免和补贴等方式，鼓励更多的基础设施项目入驻 REITs 市场，吸引更多投资者参与。

（二）增强基金管理人的投资运营能力

基金管理人在我国公募 REITs 中担任重要的角色，基金管理人的投资运营能力会对资产收益率产生重大影响。公募 REITs 的尽职调查、风控、销售、投资运作等重要环节主要由基金管理人负责，因此现行政策对公募 REITs 管理人要求较高，比如要求成立满 3 年、设置独立的基础设施基金投资管理部门等。现阶段，除了部分大型公募基金和具有公募基金牌照的头部券商能够满足上述条件，多数公募基金和券商的资质、人员配置等还无法满足公募 REITs 的要求。基金管理人应当加强制度建设和人才队伍建设，增强 REITs 资产的投资运营水平，提高资产收益率。

（三）建立管理人激励机制

合理的激励机制能够调动基础设施领域公募 REITs 管理人的积极性，如果基础设施领域公募 REITs 像资产支持专项计划或类 REITs 一样，管理人只是简单收取较低管理费，那么管理人承担的工作职责和风险会与收益不匹配，也就无法激励管理人积极主动地做好基础设施领域公募 REITs 的运营管理工作，这将会损害基础设施领域公募 REITs 的平稳、健康发展。因此，设计科学的激励机制是基础设施领域公募 REITs 治理的一项重要内容。

（四）加强投资者保护工作

REITs 作为一种可以实现资产配置多元化的资产类别，在国外普遍受到了投资者的重视。尤其是对个人投资者而言，REITs 产品是一个稳健的资产配置方向。基础设施领域公募 REITs 在我国是一种新的金融产品，建议从三个方面对投资者加强保护。一是优化内部治理安排。从基础设施领域公募 REITs 投资人到持有基础设施的底层项目公司之间有多级架构，应重点对各层管理人之间的权责划分进行明确安排，做到管理职责"不缺位、不重复、不冲突"，防止因管理链条长导致责任缺位，影响决策效率。二是完善信息披露体系。应当建立明确的标准规范和统一中介机构在基础设施领域公募 REITs 中的信息披露形式和报告内容，确保信息披露的公平性、准确性、及时性和完整性，不断提高信息披露质量，以方便投资者更好地进行基础设施领域公募 REITs 产品价值判断。三是做好投资者教育工作。基础设施领域公募 REITs 交易结构复杂，投资人较难识别产品风险，监管机构、交易所、管理人等应加强基础设施领域公募 REITs 产品的宣传教育工作，让投资人更好地了解产品的特征和风险。

第二节　条件与流程

公募 REITs 属于权益型金融产品，实际上是入池资产的首次公开募股（IPO），产品的发行与存续主要依赖入池项目本身所产生的经营收益以及部分类型资产的资产增值。因此，基础资产的选择对于基础设施 REITs 而言尤其重要。

一、基础资产选择

筛选基础资产所需考量的因素有很多，其中基础资产的合法合规性与运营情况最为关键。合法合规性是基础资产的价值基础及长期稳定运营的基石，运营情况是基础资产价值水平的重要体现和判断标准。

当基础资产能持续稳定产生运营收入时，应特别关注其合法合规性。分析基础资产的合法合规性有多个维度，如固定资产投资管理和建设程序合法合规、资产权属或经营权利合规完整、国有资产转让程序合法合规等。

（一）基础资产的合法合规性

1. 符合固定资产投资管理的相关规定

基础设施项目涉及固定资产投资，需履行固定资产投资相关程序，主要包括立项、环评、节能审查、用地批准、规划、施工、竣工验收等，如果未完成相应审批环节或取得相关审批、核准或备案文件，那么基础设施项目存在被相应行政主管部门责令限期改正、处以罚款、没收违法所得、停止建设等风险。这些因固定资产投资建设流程不合规而引发的风险将导致基础设施项目成本增加，收入降低，项目运营不稳定，给基础设施 REITs 的运作带来极大的不确定性。因此，对于发行基础设施 REITs 的基础设施项目，应遵循其投资建设的时间流程，逐项核查判断基础设施项目投资建设全过程的合法合规性，从基础资产层面控制基础设施 REITs 的合规风险。

2. 拥有完整的资产权属或经营权利

基于底层资产的特点，可以将基础设施 REITs 分为产权类 REITs 与经营权类 REITs。对于因拥有资产所有权而取得收入的产权类 REITs，发行基础设施 REITs 时，原始权益人所有的项目公司应对基础设施资产拥有完整的资产权属；而对于经营权类 REITs，是基于特许经营权或经政府部门批准的收费权利而取得经营收入的项目，应主要关注经营权手续的合法完备性、相关部门给予合法使用土地的证明文件等。

3. 资产转让程序合法合规

发行基础设施 REITs 需将投资和运营基础设施项目的公司股权或资产产权转让给基础设施 REITs 下设的 SPV，相应导致项目公司股权、特许经营权、资产产权的权利主体发生变更。基础设施项目金额大、周期长，关乎公共利益，且多有存量金融机构贷款，其权利主体发生变动往往受到诸多方面的限制，应取得所有必要的外部批准和同意。对于国有企业持有的基础设施项目，如果发生产权变更或资产所有权变更，还应依法依规履行相应的国有资产交易程序。

（二）基础资产的运营状况

对于基础设施 REITs 而言，其核心目标是追求稳定性强、成长性好的投资回报，不论是资产本身价值的提升，还是资产持有期间的回报，其核心因素均由基础设施资产的经营收益决定。因此，基础资产的经营状态既决定了发行时基础资产的收益状况、价值表现及对投资者的吸引力，也进一步影响了未来基础设施 REITs 的市场表现。

虽然不同类型的基础设施资产在行业特性、市场需求和产业政策等方面有较大差异，但是，整体可从定性判断角度论证基础设施的真实运营情况，通过评估其经营模式、收入来源以及未来增长潜力的情况筛选出运营成熟、稳定的高质量基础设施项目作为基础设施 REITs 合格的底层资产。

资产出租率（或利用率）是判断资产运营成熟度的重要参数，是直接反映不动产经营状况的最直观的量化体现，在选择基础设施 REITs 底层资产时起到决定性的作用。一般来说，资产出租率（或利用率）越高，代表其资产的使用效率越高，资产经营情况也就越好；反之，资产出租率（或利用率）越低，说明其闲置部分面积越大，资产经营情况也就越差。

在基础设施资产具有相对成熟的经营模式且其底层收益来源相对稳定的情况下，若资产出租率（或利用率）常年保持在市场平均水平之下，则说明此资产受市场认可程度较低，这代表此基础设施资产在建设质量、运营管理、所处区域市场以及未来发展前景等方面存在潜在问题。

二、产品方案设计

基础设施 REITs 在国内现行法律法规框架下，是通过"公募基金+资产支持证券"的双 SPV 结构持有 SPC，进而持有入池资产。它比传统的股权、债权融资和境外成熟市场的 REITs 产品都要复杂。同时，基础设施 REITs 更加强调其权益属性，对信息披露、合法合规、收益、风险、产品治理等提出了更高的要求，产品方案也更加复杂精细。在基础设施 REITs 的实务操作中，产品方案设计起到至关重要的作用，产品方案设计不但需要考虑原始权益人的利益，还需要考虑投资人的利益，两者都要兼顾。因此，我们根据相关规定及首批发行项目，就基础设施 REITs 的基础结构、资产重组方式、股债结构搭建、杠杆安排等问题进行分析梳理。

（一）我国公募 REITs 的基础结构

2020 年 8 月 6 日，证监会发布了《公开募集基础设施证券投资基金指引(试行)》。根据该指引第二条的规定，即"本指引所称基础设施基金，是指同时符合下列特征的基金产品：(一)80%以上基金资产投资于基础设施资产支持证券，并持有其全部份额；基金通过基础设施资产支持证券持有基础设施项目公司全部股权；(二)基金通过资产支持证券和项目公司等载体(以下统称特殊目的载体)取得基础设施项目完全所有权或经营权利；(三)基金管理人主动运营管理基础设施项目，以获取基础设施项目租金、收费等稳定现金流为主要目的；(四)采取封闭式运作，收益分配比例不低于合并后基金年度可供分配金额的90%"，以及第五十条第一项的规定，即"基础设施基金是指基金通过特殊目的载体持有基础设施项目的整体架构"，可以总结出公募 REITs 的基础结构如图 5-1 所示。

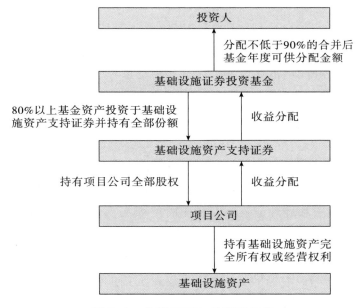

图 5-1　公募 REITs 的基础结构

《公开募集基础设施证券投资基金指引(试行)》明确了目前基础设施基金是指基金通过 SPV 持有基础设施项目的整体架构，基础结构中必须包含基础设施基金(又称为"公募基金")、资产支持证券、项目公司、基础设施项目这些要素。公募 REITs 产品采用"公募基金+资产支持证券"的基础结构。如图 5-1 所示，公募 REITs 的基础结构第一层为投资人；第二层为基础设施证券投资基金，基础设施证券投资基金向公募REITs投资人募集资金，将募集资金用于购买基础设施资产支持证券的份额；基础结构第三层为基础设施资产支持证券，基础设施资产支持证券持有项目公司全部股权；基础结构第四层为项目公司，项目公司直接持有基础设施资产完全所有权或经营权利；最后一层为基础设施资产。

"公募基金+资产支持证券"的基础架构是基于中国现行法律体系并参考境外实践案例设计出来的创新性产品架构。首先，在《中华人民共和国证券法》《中华人民共和国公司法》《中华人民共和国证券投资基金法》《公开募集证券投资基金运作管理办法》《资产证券化业务管理规定》等法律法规及规范性文件的要求下，中国公募REITs产品可以采用公司型模式或基金型模式，但公司型模式中投资人持有的是公司股权，基金型模式中投资人持有的是基金份额，相比之下基金型模式权责分配机制更加清晰。其次，根据《中华人民共和国证券投资基金法》第七十二条规定，公开募集基金的基金财产不能直接投资于非上市公司股权。"公募基金+资产支持证券"通过基础设施资产支持证券持有基础设施项目公司全部股权，取得基础设施项目完全所有权或经营权利，规避了公募基金不能直接投资于非上市公司股权的限制，同时反向搭建了基础设施不动产项目的上市流通机制。

（二）基础设施REITs资产重组

基础设施REITs的运作本质上是与企业IPO发行上市类似的资产上市行为，但与企业IPO不同的是，其发行上市的载体（REITs产品）并不是现成的，往往需要通过一系列复杂的资产重组交易，将原来分属不同主体持有的基础资产装入REITs产品，完成"公募基金+资产支持证券+项目公司+基础资产"的结构搭建，并尽可能地降低重组环节的税费负担，减少交易摩擦。

1. 资产重组操作逻辑

一般而言，在发行基础设施REITs前，需要针对标的资产进行资产重组，使其由独立的项目公司单独持有。进行资产重组主要有三个目的：

一是确保标的资产与原始权益人之间权属关系清晰，资产独立完整，并与原始权益人的过往法律风险、财务风险以及税务风险等隔离。二是通过资产重组，每个项目公司持有一个单独资产，简单清晰的股权结构有助于投资人对底层资产的识别和判断，同时有助于后续通过转让项目公司股权的方式合理优化契税、土地增值税、增值税及附加等交易成本。三是通过资产重组完成持有标的资产的项目公司的股债结构搭建，成熟的股债结构后续可在REITs运营周期合法合规前提下实现合理税收筹划效果，保障投资人收益。

2. 资产重组常用方式及对比情况

就实际操作来看，资产重组通常包括正向剥离和反向剥离两种方式。正向剥离是指基础设施资产持有人通过派生分立方式将标的资产分立形成新项目公司，或者原持有主体设立子公司，将标的资产以出资或者划拨方式注入该子公司。反向剥离是指将持有基础设施及其他资产的项目公司中与基础设施资产无关的资产和业务剥离到其他主体，项目公司仅持有与基础设施资产相关的资产及业务。

正向剥离方式将基础设施资产置入新成立的项目公司，基础设施项目与项目公司之间的法律关系更为清晰明了。在反向剥离方式下，基础设施资产由原资产持有人持有，承担原资产持有人过往经营过程中产生的法律风险、财务风险以及税务风险等。正向剥离方式操作过程更为复杂，涉及成立新项目公司、基础设施资产剥离等操作步骤，耗时更长，交易成本更高。

一般而言，若原资产持有人所持与基础设施资产无关的资产较少，宜采用操作过程更为便捷、涉及税种更少的反向剥离方式进行资产重组。同时，反向剥离需针对原资产持有人进行深入尽职调查，必要时设置一定的缓释方式，降低法律风险和财务风险。若原资产持有人除了持有拟入池的基础设施资产，还持有其他重大经营性资产，则宜采用正向剥离方式进行资产重组。

（三）搭建股债结构

根据首批公募REITs项目及以往类REITs产品的交易结构，基础设施资产支持证券对项目公司一般采用"股权投资+债权投资"(包括直接投资或间接投资)的投资形式。股债结构搭建是指公募REITs在基础设施资产支持证券投资项目公司时设置合理的股权债权投资比例。搭建股债结构具有以下三点优势:

1. 能够弱化权益资本,减少企业所得税缴纳额

根据财政部、国家税务总局发布的《关于企业关联方利息支出税前扣除标准有关税收政策问题的通知》中的规定:"根据《中华人民共和国企业所得税法》(以下简称税法)第四十六条和《中华人民共和国企业所得税法实施条例》(国务院令第512号,以下简称实施条例)第一百一十九条的规定,现将企业接受关联方债权性投资利息支出税前扣除的政策问题通知如下:一、在计算应纳税所得额时,企业实际支付给关联方的利息支出,不超过以下规定比例和税法及其实施条例有关规定计算的部分,准予扣除,超过的部分不得在发生当期和以后年度扣除。企业实际支付给关联方的利息支出,除符合本通知第二条规定外,其接受关联方债权性投资与其权益性投资比例为:(一)金融企业,为5∶1;(二)其他企业,为2∶1。"

搭建股债结构后,如果债权性投资与权益性投资比例不超过2∶1,则项目公司收益分配方式从股息分红调整为债务资本利息,适用上述税前扣除政策,企业实际支付给关联方的利息支出在计算应纳税所得额时准予税前扣除。

2. 能够提供持续稳定的现金流,满足相关监管规定

根据国家发展改革委办公厅发布的《关于做好基础设施领域不动产投资信托基金(REITs)试点项目申报工作的通知》的规定,试点项目需满足的基本条件,包括"现金流持续稳定且来源合理分散,投资回报良好,近3年内总体保持盈利或经营性净现金流为正。预计未来3年净现金流分派率(预计年度可分配现金流/目标不动产评估净值)原则上不低于4%"。《公开募集基础设施证券投资基金指引(试行)》进一步明确了基础设施项目现金流相关的具体要求。

上述规定要求项目预计未来3年净现金流分派率原则上不低于4%,即对基础资产分红比例作出强制性要求,说明了基础资产是否具备产生

持续稳定现金流的能力是审核部门关注的重点。而基础资产现金流持续稳定依赖项目负责人员的运营能力,那么搭建股债结构在一定程度上可以规避因运营问题导致的现金流不稳定风险。以富国首创水务项目为例,在招募说明书中就对基础设施资产现金流情况和预测进行分析,从现金流的产生基于真实合法的经营活动、形成基础设施资产的法律协议或文件合法有效、价格符合相关规定来论证基础设施资产现金流的真实性,从项目运营时间、历史现金流独立性与稳定性、收入是否基于市场化运营产生、收入是否存在第三方补贴等非常经营性收入、是否存在现金流提供方的集中度风险来论证基础设施资产现金流稳定性、分散度,最后就基础设施资产未来现金流预测方法展开详细的阐述。

3. 能够降低基础资产折旧摊销费用,减少经营性资金沉淀

根据公募 REITs 相关法规,基础设施包括仓储物流,收费公路、机场港口等交通设施,水电气热等市政设施,污染治理、信息网络、产业园区等其他基础设施,不含住宅和商业地产。上述基础设施项目大多为重资产项目,因为其核心资产的账面价值较大,所以需在项目公司表内计提大额折旧摊销费用。根据《中华人民共和国公司法》规定,在扣除折旧摊销费用后,股权分红收益部分还需要提取相应的盈余公积金,公司弥补亏损和提取公积金后所余税后利润可以用于分配。在此规定下,单纯的股权投资模式会导致大量经营现金沉淀在项目公司。因此,搭建股债结构能够降低基础资产折旧摊销费用,减少经营性资金沉淀。例如,在华安张江光大园项目中,基础资产现金流预测分析环节由于园区涉及大量投资性房地产,因此在计算未来营业成本的时候重点分析该类资产的折旧摊销费用对未来现金流的影响。

(四)基础设施 REITs 杠杆安排

杠杆安排是基础设施 REITs 产品结构搭建中较为重要的部分。从境外市场实践情况看,如何安排杠杆、如何控制杠杆风险在 REITs 市场的发展中也一直备受关注。合理的杠杆水平可以使 REITs 的运作、投资资金的安排更加灵活,同时也有助于在控制风险的前提下提高权益投资人的收益。

合理的杠杆率有助于投资者要求回报率和原始权益人对资产估值期望达成一致。同时，基础设施项目一般存在不同水平的存量债务，基础设施 REITs 产品保留适度杠杆水平也更有利于吸引优质基础设施项目发行 REITs 产品，推动市场良性发展。

在基础设施 REITs 杠杆要求方面，目前基础设施 REITs 处于市场建设初期阶段，投资人成熟度较低，监管部门对于外部杠杆的适用要求较为严格，总杠杆规模及用于项目收购的杠杆规模设置上限，偿付安排及借款用途明确，不得依赖外部增信、不得存在抵质押等他项权利，均以投资人利益保护为出发点，降低杠杆可能带来的偿付风险。

在基础设施 REITs 杠杆安排途径方面，目前相关政策规定基础设施 REITs 可以直接或间接对外借入款项，但根据行业实践可以看出，基础设施 REITs 增加杠杆的途径较为有限。银行等金融机构仍然偏向为具备法人主体性质的公司提供债务融资服务，而资产支持证券层面、公募基金层面的借贷具有较大难度。

三、实施流程梳理

公募 REITs 业务申报由项目发起人（原始权益人）向项目所在地省级发展改革委提出并报送相关业务申请，各省级发展改革委按是否符合国家重大战略、宏观调控政策、产业政策、固定资产投资管理法规制度以及鼓励回收资金用途等出具专项意见。对于符合公募 REITs 项目申报要求的项目，由省级发展改革委出具专项意见推荐至国家发展改革委，国家发展改革委将审批后符合条件的项目推荐至证监会，再由证监会、上海证券交易所或深圳证券交易所依法依规并遵循市场化原则，独立履行注册、审核程序，自主决策。

（一）项目准入与推荐

发起人向项目所在地省级发展改革委报送试点项目申请材料。省级发展改革委按照"聚焦合规优质资产"的试点原则，严格把握试点项目质量。申请材料主要包括项目基本情况、合规情况、证明材料及发展改革委要求的其他材料等。如果拟报送试点项目为分布在多个省（自治区、直辖市）的多个项目（资产包）整合申报的，则发起人需要向企业注册地省级发展改革委报送完整的项目申请材料，并分别向相关省级发展改革委报送涉及该地区的项目材料，发起人注册地省级发展改革委对本地区项目和REITs发行总体方案审查把关，其他相关省级发展改革委对本地区项目审查把关。对于项目收益是否满足试点基本条件，需要以打包后的项目整体收益进行判断。

对符合相关条件、拟推荐开展试点的项目，省级发展改革委需要向国家发展改革委出具无异议专项意见，同时一并报送试点项目申请材料。在省级发展改革委出具专项意见基础上，国家发展改革委按照要求，支持符合国家政策导向、社会效益良好、投资收益率稳定且运营管理水平较好的项目开展基础设施REITs试点，将符合条件的项目推荐至证监会。

（二）基础设施基金审批与注册

1. 基金上市和专项计划挂牌申请条件确认

基金管理人向拟上市的证券交易所提交基础设施基金上市申请材料。申请材料包括上市申请、基金合同草案、基金托管协议草案、招募说明书草案、律师事务所对基金出具的法律意见书、拟投资基础设施资产支持证券认购协议等。

资产支持证券管理人同时向证券交易所提交基础设施资产支持证券挂牌申请，申请材料包括挂牌条件确认申请、资产支持证券管理人合规审查意见、基础设施资产支持专项计划说明书及标准条款等交易文件、律师事务所对专项计划出具的法律意见书等。

2. 获取无异议函

证券交易所审核并出具基础设施资产支持证券挂牌和基础设施基金在交易所上市的无异议函或做出终止审核的决定，并通知基金管理人和资产支持证券管理人。

3. 基金注册申请

基金管理人向证监会提交基金注册申请，申请材料包括：《中华人民共和国证券投资基金法》《公开募集证券投资基金运作管理办法》要求的公开募集证券投资基金注册申请文件，基金管理人及资产支持证券管理人相关说明材料；拟投资基础设施资产支持证券相关说明材料，拟投资基础设施资产支持证券认购协议等。

基础设施基金拟在证券交易所上市的，基金管理人会同步向证券交易所提交相关上市申请。证券交易所同意基础设施资产支持证券挂牌和基础设施基金上市的，基金管理人会将无异议函在产品注册前报送证监会。

（三）公募基金发售

经证监会注册后，基金份额开始发售。基金份额的发售分为战略配售、网下询价并定价、网下配售、公众投资者认购等环节。

1. 战略配售

基础设施项目原始权益人或其同一控制下的关联方参与基础设施基金份额战略配售的比例合计不得低于本次基金份额发售总量的20%，其中基金份额发售总量的20%持有期自上市之日起不少于60个月，超过20%部分持有期自上市之日起不少于36个月，基金份额持有期间不允许质押。

基金管理人与战略投资者事先签署配售协议，且在基金合同、招募说明书等法律文件中披露战略投资者选择标准，向战略投资者配售的基金份额总量，占本次基金份额发售比例及持有期限等。

2. 网下询价并定价

公募REITs的定价参照IPO的询价机制，采取网下询价的方式确定公募REITs基金份额的认购价格。基础设施基金首次发售的，基金管理人或者财务顾问应通过向网下投资者询价的方式确定基础设施基金份额认购价格。网下询价结束后，网下投资者及公众投资者应以询价确定的认购价格参与基础设施基金份额认购。

基金管理人在基金份额认购首日的3日前披露基金份额的发售公告。网下投资者和公众投资者应在募集期内认购，募集期原则上不得超过5个交易日。

3. 网下配售

网下投资者通过证券交易所网下发行电子平台参与基金份额的网下配售。基金管理人或财务顾问按照询价确定的认购价格办理网下投资者的网下基金份额的认购和配售，询价阶段提供有效报价的投资者方可参与网下认购。

扣除向战略投资者配售部分后，基础设施基金份额向网下投资者发售比例不得低于本次公开发售数量的 70%，对网下投资者进行分类配售的，同类投资者获得的配售比例应相同。

4. 公众投资者认购

公众投资者可以通过场内证券经营机构或者基金管理人及其委托的场外销售机构认购基础设施基金份额。参与网下询价的配售对象及其关联账户不得再通过面向公众投资者发售部分认购基金份额。

5. 回拨机制

募集期届满，公众投资者认购份额不足的，基金管理人和财务顾问可以将公众投资者部分向网下发售部分进行回拨。网下投资者认购数量低于网下最低发售数量的，不得向公众投资者回拨；网下投资者认购数量高于网下最低发售数量，且公众投资者有效认购倍数较高的，网下发售部分可以向公众投资者回拨，回拨后的网下发售比例不得低于公开发售数量扣除向战略投资者配售部分后的 70%。

6. 基金份额确认

基金管理人根据基础设施基金指引的要求确认战略投资者认缴情况，以及公众投资者和网下投资者的最终配售情况，并完成相关募集结束处理。

投资者认购缴款结束后，基金管理人、财务顾问应聘请符合相关规定的会计师事务所对认购和募集资金进行鉴证，并出具验资报告，同时应聘请律师事务所对网下发售、配售行为，参与定价和配售投资者的资质条件及其与基金管理人和财务顾问的关联关系、资金划拨等事项进行见证，并出具法律意见书。

7. 基金备案与成立

基金募集期限届满，募集的基金份额总额符合《中华人民共和国证券投资基金法》的规定的，基金管理人按照规定办理验资和基金备案手续。证监会自收到基金管理人验资报告和基金备案材料之日起三个工作日内予以书面确认，自证监会书面确认之日起，基金备案手续办理完毕，基金合同生效。

基金管理人在收到证监会确认备案通过文件的次日予以披露合同生效公告，并在基金设立之日起10个工作日内，基金管理人或财务顾问将法律意见书、发售总结报告、验资报告等文件一并报送证券交易所。

基金上市前，基金管理人通过证券交易所相关平台提交相关基金份额的场内限售和场外锁定申请，证券交易所审核通过并登记生效后，基金管理人披露基金份额限售/锁定公告。基金管理人可选择开通/关闭场外份额转托管至场内业务，如果需要披露相关公告，可以选取对应产品代码及公告类型，提交上市前开通转托管公告并在交易所网站披露。

（四）基金发行上市

基金管理人获得证监会基金注册批文后，向证券交易所正式提出协助发行申请，同时提交相关申请材料，经证券交易所审核同意协助发行申请后，基金管理人按证券交易所信息披露要求及时在证券交易所网站披露基金法律文件，并按信息披露要求向证券交易所提交发售相关公告，3个工作日后基金正式发行。

基金正式成立后，基金管理人在完成基金备案及份额限售和锁定后指定至少一家做市商提供做市服务，并向证券交易所提出上市申请，提交相关申请材料。基金上市申请经证券交易所审核同意后，上市日期由证券交易所牵头协商所内相关部门后确定，并正式函告基金管理人。基金管理人在基金上市前3个工作日按信息披露要求，在指定媒体及证券交易所网站披露上市交易公告书。基金管理人在上市前一个工作日的16:00之前向证券交易所提供基金份额净值，作为上市首日的开盘参考价。下一个工作日，公募REITs基金正式上市交易，实施流程如图5-2所示。

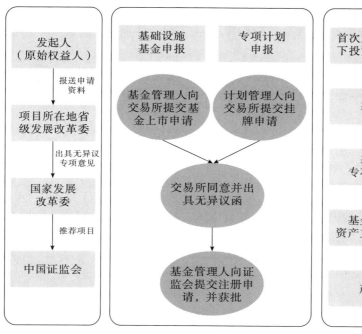

图 5-2　实施流程

第三节　典型案例分析

一、产权类案例

（一）租赁住房——中金厦门安居房 REITs

1. 项目背景

中国经济进入新发展阶段，结构性问题的破题已成为实现高质量发展的关键点。如何实现共同富裕，如何实现房地产行业顺利转型，以及如何进一步发挥好资本市场功能，是我国当前面临的三个结构性问题。这些问题相互交织、相互影响，加大了改革的难度。破题的关键，在于找到这些问题的交汇点。保障性租赁住房 REITs 的推出，不仅是中国公募 REITs 试点的线性延续,还是站在三个重大结构性问题的交汇点直接回应推进实现共同富裕、房地产行业向新发展模式转型、进一步发挥好资本市场功能等问题的重大改革举措。

2021 年 7 月,随着国家发展改革委发布《关于进一步做好基础设施领域不动产投资信托基金(REITs)试点工作的通知》(发改投资〔2021〕958号),保障性租赁住房纳入基础设施 REITs 试点范围。经过一年来监管部门与行业各方的积极推进,2022 年 8 月 31 日,红土深圳安居房REITs、中金厦门安居房 REITs、华夏北京保障房 REITs 作为首批保障性租赁住房REITs试点项目正式上市,发行规模总计 37.97 亿元,是中国公募 REITs覆盖资产领域的进一步扩容。三个试点项目自被交易所正式受理以来,持续受到市场密切关注,发行环节网下和网上认购倍数均突破百倍,体现出市场对保障性租赁住房 REITs 资产品类的高度认可。

厦门安居集团为厦门安居控股集团直属企业,系厦门市唯一市属专营保障性住房及公共租赁住房相关业务的国有企业,其运营的保障性租赁住房项目具有起步早、规模大、经营模式成熟等特点,符合 REITs 服务实体经济、引入长期稳定资金、盘活存量资产初衷,也有利于发展构建我国保障性住房体系。

2. 交易结构

项目公司股东与中金公司(代表专项计划的利益)及其他相关方签署《股权转让协议》。基础设施基金拟以募集资金认购专项计划资产支持证券的全部份额。设立专门的运营监管账户收取运营收入,并向计划管理人偿还相应股东借款的本金和/或利息,并分配股息、红利等股权投资收益。中金厦门安居房 REITs 交易结构如图 5-3 所示。

3. 主要参与机构

中金厦门安居房 REITs 主要参与机构汇总如表 5-4 所示。

(1)原始权益人。厦门安居集团有限公司(以下简称安居集团)前身为厦门保障性安居工程建设投资有限公司,是厦门市国资委于 2013 年出资组建的一家有限责任公司。截至 2022 年 3 月 31 日,厦门市国资委为安居集团的单一股东及实际控制人。同年 4 月 8 日,厦门市国资委将安居集团100%股权划转注入厦门住宅建设集团有限公司(同年 5 月已更名为厦门安居控股集团有限公司)。

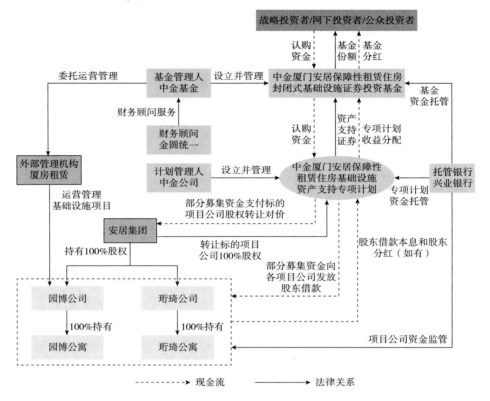

图5-3 中金厦门安居房 REITs 交易结构

表5-4 中金厦门安居房 REITs 主要参与机构汇总

机构类型	具体机构
原始权益人	安居集团
基金管理人	中金基金管理有限公司
专项计划管理人	中国国际金融股份有限公司
基金托管人	兴业银行股份有限公司
基础资产项目公司	厦门安居园博住房租赁有限公司 厦门安居珩琦住房租赁有限公司
外部管理机构	厦门住房租赁发展有限公司

　　安居集团财务状况和资信情况良好,营业收入和毛利率逐年提升。资产负债层面,截至2022年3月末,安居集团资产总额为256.31亿元,

负债总额为 137.13 亿元，资产负债率为 53.50%，流动比率为 5.74 倍，财务结构合理。收入利润层面，安居集团 2021 年末和 2022 年第一季度主营业务收入分别为 17.56 亿元和 4.31 亿元，毛利润分别为 4.51 亿元和 1.27 亿元，毛利率分别为 25.68% 和 29.47%，上升 3.79 个百分点，并呈现逐年提升趋势，这主要得益于安居集团保障性住房的销售和租赁业务。资信状况层面，截至 2022 年 3 月末，安居集团未发生延迟支付债券本息情况，也不存在对外担保事项。

安居集团在保障性住房领域具备一定的业务规模和丰富的运营经验。安居集团是厦门市唯一专营保障性住房及公共租赁住房的国有企业，承担保障性住房融资、建设、运营和保障性商品房销售工作，主营业务不涉及商业地产及商品房项目。截至 2022 年 3 月 31 日，安居集团共承建 18 个保障性住房及公共租赁住房项目，总建筑面积超过 369 万平方米。同时，安居集团共持有租赁住房面积 85.33 万平方米，在租面积达 73.57 万平方米，旗下项目均由外部管理机构厦房租赁（其全资子公司，也是本次基金的外部管理机构）进行管理。其中，安居集团在厦门市集美区共运营管理 6 处租赁住房资产，本次目标基础设施资产园博公寓和珩琦公寓的租金和出租率在同区域同类租赁住房中均处于较高水平。

（2）基金管理人。中金基金管理有限公司成立于 2014 年，是一家以从事资本市场服务为主的企业，经营范围包括基金募集、基金销售、特定客户资产管理和证监会许可的其他业务。中金基金创新投资部已配备不少于 3 名具有 5 年以上基础设施项目运营或基础设施项目投资管理经验的主要负责人员，其中至少 2 名具备 5 年以上基础设施项目运营经验。

（3）基金托管人。兴业银行成立于 1988 年 8 月，是经国务院、人民银行批准成立的首批股份制商业银行之一，总行设在福建省福州市，2007 年 2 月 5 日正式在上海证券交易所挂牌上市（股票代码：601166）。截至 2021 年 12 月 31 日，兴业银行资产总额为 8.60 万亿元，实现营业收入 2212.36 亿元，全年归属于母公司股东的净利润达 826.80 亿元，资产负债率为 91.93%，资本充足率为 14.39%，不良贷款率为 1.10%，拨备覆盖率为 268.73%，财务状况良好，风险控制指标符合监管部门相关规定。

兴业银行于 2005 年 4 月 26 日取得基金托管资格。截至 2022 年 9 月 30 日，兴业银行共托管证券投资基金 617 只，托管基金的基金资产净值合计 24055.27 亿元，基金份额合计 23181.41 亿份。兴业银行具有基础设施领域资产管理产品托管经验，截至 2020 年末，托管存续基础设施领域资产管理产品 953 只，净值规模 6939.70 亿元，产品类别包括了信托产品、券商产品、保险产品等，具备承接各类形式基础设施类资管产品的丰富经验、敏锐捕捉市场动态的业务能力以及应对各类复杂产品结构的成熟方案。

4. 基础资产

该项目的目标基础设施资产为位于厦门市集美区的园博公寓和珩琦公寓，主要面向厦门市无房的新就业大学生、青年人、城市基本公共服务人员等新市民群体，解决阶段性住房困难问题。

园博公司持有位于厦门市集美区滨水北里小区中建筑面积合计 112875.18 平方米的 2614 套保障性租赁住房房屋所有权及其占用的土地使用权，以及公共配套设施和室内配套的动产。珩琦公司持有的为位于厦门市集美区珩琦二里小区中建筑面积合计 85678.79 平方米的 2051 套保障性租赁住房房屋所有权及其占用的土地使用权，以及公共配套设施和室内配套的动产。这两个项目的运营情况良好，截至 2022 年 3 月末，园博公寓项目出租率达 99.42%，珩琦公寓项目出租率达 99.11%。

5. 项目特色小结

保障性租赁住房是坚持"房住不炒"定位的重要基础设施，有助于推动建立多主体供给、多渠道保障、租购并举的住房制度，推进以人为核心的新型城镇化。公募 REITs 可以通过资本市场打造可持续的保障性租赁住房投融资模式，提高保障性租赁住房有效供给。中金基金此次携手厦门安居集团积极探索和实践适应保障性租赁住房行业特征的 REITs 治理机制和管理模式，希望能够借助中金厦门安居 REIT 的成功实践，为中国保障性租赁住房行业发展提供有益经验。

（二）产业园区——招商蛇口产业园REITs

1. 项目背景

随着经济发展，中国产业园区数量和规模持续上涨，各类产业园区总数量超过15000个，市场规模超过5000亿元，已经深入人民生活的方方面面，对人民的生活产生了积极影响。据统计，截至2019年，国家高新区和经开区的产业园GDP占全国GDP总量的23%，极大促进了地区经济的迅速发展，成为我国经济发展的重要动力。

招商蛇口产业园公募REITs聚焦粤港澳大湾区，项目位于蛇口工业区的蛇口网谷产业园。2018年11月，深圳市人民政府正式批复《中国（广东）自由贸易试验区深圳前海蛇口片区及大小南山周边地区综合规划》，片区总面积28.2平方千米，分为前海区块（15平方千米，含前海湾保税港区3.71平方千米）和蛇口区块（13.2平方千米），并根据产业形态分为三个功能区：前海金融商务区、以前海湾保税港区为核心的前海园区和蛇口工业区。显然，蛇口网谷产业园属于国家发展改革委确定的战略性新兴产业集群，以及《中国开发区审核公告目录》（2018年版）确定的开发区范围内。

2. 交易结构

发行准备阶段，该项目底层资产原由招商蛇口全资子公司深圳市招商创业有限公司持有，资产重组后分别由深圳市万融大厦管理有限公司和深圳市万海大厦管理有限公司两家项目公司持有。产品发行阶段，基础设施REITs通过资产支持专项计划下属的SPV自原始权益人招商蛇口收购项目公司100%股权，进而实现"公募基金+资产支持证券"的产品结构搭设。产品存续阶段，基金管理人博时基金和资产支持证券管理人博时资本委托深圳市招商创业有限公司作为运营管理机构为该项目提供运营管理服务。招商蛇口产业园REITs交易结构如图5-4、图5-5所示。

3. 主要参与机构

招商蛇口产业园REITs主要参与机构汇总如表5-5所示。

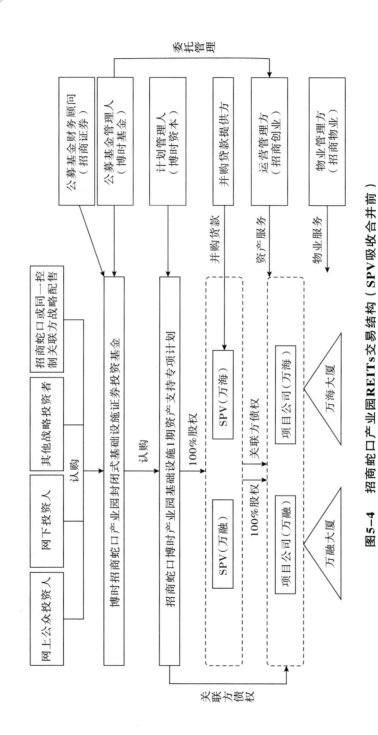

图5-4 招商蛇口产业园REITs交易结构（SPV吸收合并前）

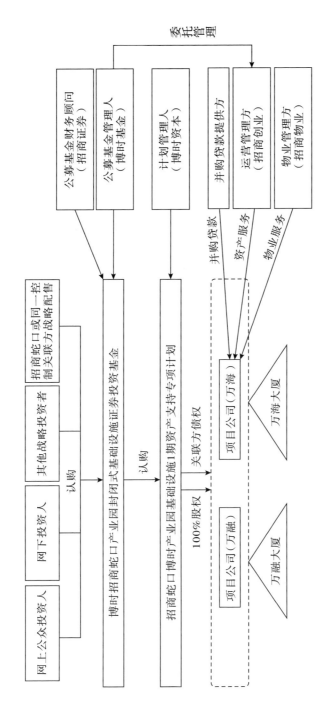

图5-5 招商蛇口产业园REITs交易结构（SPV吸收合并后）

表 5-5　招商蛇口产业园 REITs 主要参与机构汇总

机构类型	具体机构
原始权益人	招商蛇口
基金管理人	博时基金
基金托管人	招商银行股份有限公司
资产支持证券管理人	博时资本
财务顾问	招商证券股份有限公司、中信证券股份有限公司
基础设施项目运营方	深圳市招商创业有限公司
会计师事务所	德勤华永会计师事务所
资产评估机构	深圳市戴德梁行土地房地产评估有限公司
法律顾问	北京市中伦律师事务所
税务顾问	毕马威企业咨询(中国)有限公司深圳分公司
原始权益人咨询顾问	中联前源不动产基金管理有限公司

博时招商蛇口产业园封闭式基础设施证券投资基金项目原始权益人为招商局蛇口工业区控股股份有限公司(简称招商蛇口),基金管理人为博时基金管理有限公司(简称博时基金),资产支持证券管理人为博时资本管理有限公司(简称博时资本)。

(1)原始权益人。招商蛇口为本项目的原始权益人,设立于 1992 年 2 月,招商局集团为招商蛇口控股股东和实际控制人,直接及通过招商局轮船间接持有招商蛇口 63.31% 的股权。招商蛇口不仅是招商局集团旗下城市综合管理运营板块的领军企业,还是其旗下仅有的从事地产资产整合以及重要业务协同的平台。招商蛇口具体的股权控制结构如图 5-6 所示。

招商蛇口一直以来以"城市功能升级、生产和生活方式升级"为抓手,通过为不同客户的工作和生活提供更加多元化的、全覆盖的产品与服务,不断探索更好服务于城市发展和产业转型升级的解决方案。招商蛇口园区开发与运营业务种类丰富、覆盖广泛,主要的业务范围包括了产业园、写字办公楼、酒店及各项配套设施所涉及的前期开发、中期销售以及后期运营等业务,同时还涵盖了物业管理业务。

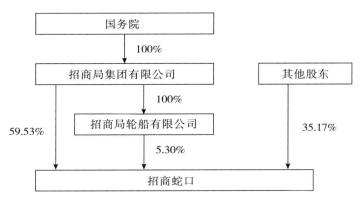

图 5-6 招商蛇口具体的股权控制结构

（2）基金管理人。博时基金具备丰富的不动产研究经验，近 3 年累计调研不动产行业公司和访谈行业专家数百次，累计撰写不动产行业/个股研究报告数百篇。博时基金配备强大的不动产研究团队，从业经验丰富，还具备丰富的同类产品投资管理经验，近年来旗下多只组合投资于基础设施类资产支持证券，目前投资收益率良好，未出现重大风险。

（3）基金托管人。招商银行财务状况良好，风险控制指标符合监管部门相关规定。资产托管业务持续稳健发展，社会影响力不断提升，四度蝉联《财资》"中国最佳托管专业银行"。

（4）基础资产。该项目的底层资产是深圳市蛇口工业区蛇口网谷产业园中的万融大厦和万海大厦（简称两项资产）。两项资产是蛇口网谷产业园中运营成熟稳定的资产，建筑面积合计约 9.53 万平方米，分别于 2013 年 12 月、2014 年 9 月投入运营，在 2020 年度合计实现营业收入约 11493 万元（疫情租金减免前约为 13361 万元），截至 2020 年 12 月末的平均加权出租率达 90%、平均租金约为 128 元/（平方米·月）和 146 元/（平方米·月），属于行业及所处区域的较高水平。

4. 项目特色小结

该项目基础资产万融大厦和万海大厦所处的蛇口网谷产业园隶属蛇口工业区。蛇口工业区是我国第一个对外开放的工业区，也是真正意义上的第一个产业园区。蛇口产业园项目依托具有特殊历史意义和示范意义的蛇口工业区，选取工业区内的优质产业园资产参与本次基础设施REITs试点。招商蛇口以"中国领先的城市和园区综合开发运营服务商"为战略定位，聚焦产业园区开发与运营业务，充分发挥其产业园运营管理能力，为蛇口网谷提供了完善的运营服务体系。招商蛇口还融合了香港招商局商业房托运作经验和优势，推动了本次博时蛇口产业园项目的发行，具有较好的示范意义。

（三）仓储物流——中金普洛斯仓储物流 REITs

1. 项目背景

仓储物流是如今全球最具吸引力的不动产资产之一。在中国，由于电子商务加速发展，在线生鲜采购及家庭消费需求仍然不断攀升，这些趋势都在重塑面向未来的供应链体系，不断激发对仓储的新需求，带来物流行业的新演变。长期来看，这对仓储物流资产有积极影响。同时，中国的现代物流设施在存量仓储设施中占比较低，按人均面积计算与发达市场相比还存在较大差距，这也意味着市场发展具备很大潜力。

普洛斯 REITs 的资产由位于京津冀、长三角、粤港澳大湾区三大城市群核心物流枢纽地区的 7 处普洛斯仓储物流园组成，总建筑面积达70.50万平方米，运营成熟、高效、稳定，一直以来有力地承载和支持了所在地区的民生和经济发展。

2. 交易结构

发行准备阶段，该项目底层 7 个仓储物流资产由 6 个项目公司分别持有，原始权益人普洛斯中国控股有限公司（简称普洛斯中国）持有 6 个项目公司 100% 股权。产品发行阶段，基础设施 REITs 通过资产支持专项计划自原始权益人普洛斯中国收购项目公司 100% 股权，并完成项目公司原有债务清偿，进而实现"公募基金+资产支持证券"的产品结构搭设。至此，基金设施 REITs 通过资产支持证券和项目公司等载体取得了基础设施项目完全所有权。产品存续阶段，基金管理人中金基金管理有限公司和资产支持证券管理人中金公司将委托普洛斯投资（上海）有限公司作为运营管理机构，为该项目提供运营管理服务。中金普洛斯仓储物流 REITs 交易结构如图 5-7 所示。

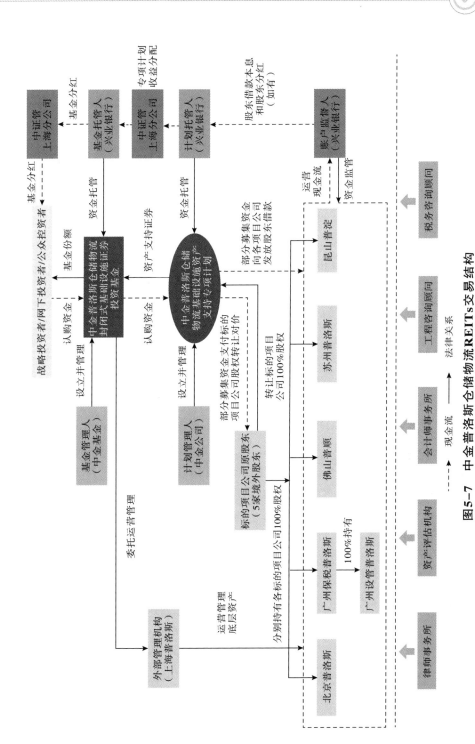

图5-7 中金普洛斯仓储物流REITs交易结构

3. 主要参与机构

中金普洛斯仓储物流 REITs 主要参与机构汇总如表 5-6 所示。

表 5-6　中金普洛斯仓储物流 REITs 主要参与机构汇总

机构类型	具体机构
原始权益人	普洛斯中国
基金管理人	中金基金管理有限公司
基金托管人	兴业银行股份有限公司
资产支持证券管理人	中国国际金融股份有限公司
会计师事务所	毕马威华振会计师事务所
资产评估机构	深圳市戴德梁行土地房地产评估有限公司
税务咨询顾问	普华永道咨询(深圳)有限公司北京分公司
律师事务所	北京市海问律师事务所及上海市通力律师事务所

该项目的原始权益人为普洛斯中国(注册地为中国香港),基金管理人为中金基金管理有限公司,基金托管人为兴业银行,资产支持证券管理人为中国国际金融股份有限公司。

(1)原始权益人。普洛斯中国是仓储物流领域专业的第三方运营管理机构,截至 2020 年 12 月 31 日,其实控人普洛斯集团业务遍及中国、日本、巴西、印度、越南、美国以及欧洲部分国家,在不动产及私募股权基金领域的资产管理规模达 1000 亿美元。中国市场是普洛斯集团最大的市场和最主要的增长市场,普洛斯中国在国内拥有 15 年以上的现代仓储行业开发运营经验,专注现代仓储的开发、经营和管理,主要服务于第三方物流企业、零售业、制造业等下游行业。截至 2020 年底,普洛斯集团在中国投资、开发和管理着近 400 处物流、制造、数据中心、科创办公类设施,其中持有的仓储物流等物业总建筑面积约 4332 万平方米。普洛斯中国良好的市场地位以及较大规模的优质资产储备,将为该基础设施 REITs 未来的扩募安排持续提供满足监管要求并符合投资人利益的优质底层资产。

(2)基金管理人和基金托管人。与中金厦门安居房 REITs 项目的基金管理人和基金托管人相同。

4．基础资产

该项目的底层资产包括位于北京、广东、江苏3省（市）的7处资产，分别是普洛斯北京空港物流园、普洛斯通州光机电物流园、普洛斯广州保税物流园、普洛斯增城物流园、普洛斯顺德物流园、苏州望亭普洛斯物流园、普洛斯淀山湖物流园，建筑面积合计约70.5万平方米，2005～2017年陆续竣工并开始运营。2018年、2019年、2020年，项目经营现金流净额分别为1.92亿元、2.00亿元和1.90亿元，实现净利润分别为0.91亿元、1.11亿元和1.21亿元，经营收益和现金流总体稳定。截至2020年末，项目租户合计53个，其中前10大租户租金及管理费占比约为58.32%，收入分散程度较高。

5．项目特色小结

该项目的基础设施基金选择优质资产参与基础设施REITs试点，具备健全的治理机制和管理架构，同时借鉴海外REITs市场丰富的实践经验，充分发挥了第三方运营管理机构优势。作为唯一的外商投资项目，中金普洛斯项目顺利参与基础设施REITs试点，并最终在我国资本市场成功退出，这将有利于发挥示范作用，带动更多的外资企业参与我国的基础设施建设。

二、经营权类案例

（一）收费公路——国金渝遂高速公路REITs

1．项目背景

"要想富先修路"，公路作为重要的基础设施密切影响着国民经济发展。2020年，在中国520万千米的公路中，收费公路占3.5%。收费公路又可再细分为政府还贷公路和经营性公路，其中经营性公路可作为REITs底层资产。2020年，政府还贷公路和经营性公路分别为8.4万千米和9.6万千米，分别占收费公路里程的43.2%和56.8%。政府还贷公路指的是县级以上地方政府交通运输主管部门利用贷款或者向企业、个人有偿集资建成的收费公路，收费的主要目的是偿还修路产生的贷款和收回养护成本；经营性公路指由经济组织投资建成或者依法受让政府还贷公路收费权的收费公路，收费的主要目的是在还清贷款的基础上获取合理的利润。因此，经营性公路可作为REITs底层资产。

"十四五"规划提出推进成渝地区双城经济圈建设，打造具有全国影响力的重要经济中心、科技创新中心、改革开放型高地、优化提升成渝城市群。重庆是中国中西部地区唯一的直辖市，2021重庆市GDP排名全国城市第5。在市场容量上，高速公路项目的交通量与所在区域的、汽车保有量呈现正相关性。2021年，重庆、成都的民用汽车保有量位居全国前列，均超过500万辆，呈现稳步上升趋势，这是本项目未来交通量稳步增长的重要保障。

中铁建REITs主要投资于渝遂高速重庆段项目，获取后续经营中的盈利收入。此高速项目是重庆市"三环八射"公路网架构中的主要通道，是连接重庆和成都两大城市的重要交通动脉。

2. 交易结构

中铁建REITs交易方案的核心为"公募基金+资产支持证券+项目公司"三层架构。首先由基金管理人注册公募REITs基金并向投资者募集资金，然后REITs基金募集的资金用于购买渝遂高速资产支持专项计划的全部份额，其再拟通过SPV购买遂渝公司全部股权。存续期内，遂渝公司向公募基金投资者分配现金流。公司所属基础设施运营管理机构向遂渝公司定期收取运营管理服务费。项目原始权益人之一铁建重投及其同一控制下的关联方认购本基金份额占本次基金发售比例为51%，而另一原始权益人重庆高速公路股份有限公司（简称重庆高速）及其同一控制下关联方认购本次基金发售比例为10%，全部原始权益人合计认购份额占本次基金发售比例为61%。

中铁建REITs选择"反向剥离+反向吸收合并"的资产重组方案，将路外资产等进行剥离，同时完成利润分配、减资等工作事项，实现了项目公司仅保留基础设施项目及有关设备，然后通过原始权益人新设SPV，以反向吸收合并的方式完成对项目公司的股债重构。国金渝遂高速公路REITs交易结构如图5-8所示。

3. 主要参与机构

国金渝遂高速公路REITs主要参与机构汇总如表5-7所示。

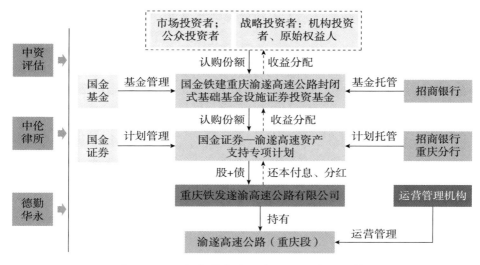

图 5-8 国金渝遂高速公路 REITs 交易结构

表 5-7 国金渝遂高速公路 REITs 主要参与机构汇总

机构类型	具体机构
原始权益人	中铁建重庆投资集团有限公司、重庆高速公路股份有限公司
基金管理人	国金基金管理有限公司
基金托管人	招商银行股份有限公司
资产支持证券管理人	国金证券股份有限公司
律师事务所	北京市中伦律师事务所
会计师事务所	德勤华永会计师事务所
基础设施项目评估机构	中资资产评估有限公司
项目总协调人	中铁建资本控股集团有限公司

（1）原始权益人。渝遂项目公司成立于 2004 年 9 月，由中铁建集团联合重庆高速集团设立，是中铁建集团在重庆地区的第一家高速路产管理公司，公司背靠央企集团，平台资源凸显。渝遂高速已进入稳定运营期，根据成渝通道规划、重庆市未来经济发展规划、沿线产业分布规划等，项目未来现金流成长空间可期。运营管理机构主要采用原班运营人员，其已运营本项目多年，具备丰富的基础设施项目运营管理经验。此外，原始权益人中铁建重庆投资集团有限公司和重庆高速公路股份有限公司及其关联方拟合计持有国金渝遂高速公路 REITs71% 的基金份额，

表明了原始权益人对项目基本面和发展前景的肯定，对该基金产品的未来表现充满信心。

（2）基金管理人。截至 2021 年 12 月 31 日，国金基金管理资产规模超 400 亿元，累计为投资者创造价值近 60 亿元。国金基金于 2020 年 6 月率先设立一级部门，即 REITs 投资部。REITs 投资部作为公司的战略选项，主要团队成员在 REITs 及类 REITs、资产管理、法律及投行管理等行业和领域具备丰富的工作经验。同时，公司为公募 REITs 业务配备了成熟的行业研究、风控合规、资产管理和资本市场等高标准、规模化的组织系统。

（3）基金托管人。与招商蛇口产业园 REITs 相同。

4. 基础资产

中铁建 REITs 的基础设施项目位于长江经济带区域的渝遂高速重庆段，起于 G93 沙坪坝收费站，途经沙坪坝区、璧山区、铜梁区、潼南区四区，止于重庆市与四川省遂宁市交界处，处于连接重庆和成都两大国家中心城市的中间地带，是国家《成渝城市群发展规划》重点推进的纽带区域。渝遂高速（重庆段）在《国家公路网规划（2013—2030 年）》中为国家高速公路网络 18 条横线的一部分，也是重庆市"三环十八射"高速公路网架构中的主要通道。作为长江上游的交通枢纽城市，高速公路网络的完善仍是重庆未来基础设施发展的重点领域。

项目采用 BOT 模式投资建设，特许经营权期限为 30 年，剩余近 14 年；总投资 42.3 亿元，于 2007 年末建成全线通车营运；收入来源为车辆通行费、租金等；目前营运里程为 93.46 千米，全线采用四车道高速公路标准。该项目设计行车速度 80 千米/时，全线设有 11 个收费站、1 个养护中心及路巡大队、3 对服务区。渝遂项目的项目公司为遂渝公司，注册资金 15 亿元，其中公司所属子公司重庆投资持股 80%，重庆高速持股 20%。

5. 项目特色小结

该项目上市后，我国高速公路 REITs 在西南落地，朝着全国化布局迈进了重要一步。渝遂高速（重庆段）位于中国经济增长第四极——成渝双城经济圈的核心走廊，对于推进国家西部大开发战略、"一带一路"建设和内陆开放高地以及增强川渝两地经济社会联系具有重要意义，受到了重庆市政府的高度重视和大力支持。

（二）污水处理——富国首创水务 REITs

1. 项目背景

"十三五"时期伊始，生态环保被赋予更高的定位。建设完善城镇污水处理事业是大力推进生态文明建设、贯彻"绿水青山就是金山银山"、统筹经济高质量发展和生态环境高水平保护重要举措。2020 年，国家加大逆周期调节力度，环保产业受益，稳健恢复，政策环境持续向好。2021 年，污水处理 REITs 的推出助力水务环保行业进入行稳致远的高质量发展阶段，既带来对优质水务资产及其所处行业价值重估的契机，也为投资者带来获得长期、稳健分红回报的机会。

当前，在水务基建扩张过程中，我国已沉淀了不少优质存量资产。污水处理基础设施 REITs 有助于企业盘活存量资产，释放前期投资资金和收益，改善水务企业现金流和负债结构，提高资产周转率，提升资金使用效率。地方主管部门及水务企业可根据需要设定合理投入调节机制，通过公募 REITs 将基础设施项目长期回收资金转换为一次性收回的资本金，以投资新的基础设施项目，大大提升企业再投资能力，促进水务行业长期稳定发展。

2. 交易结构

富国首创水务 REITs 交易结构如图 5-9 所示。

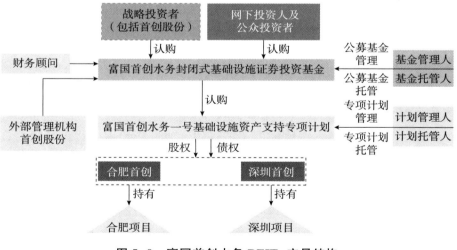

图 5-9 富国首创水务 REITs 交易结构

3. 主要参与机构

富国首创水务 REITs 主要参与机构汇总如表 5-8 所示。

表 5-8　富国首创水务 REITs 主要参与机构汇总

机构类型	具体机构
原始权益人	首创股份
基金管理人	富国基金
基金托管人	招商银行股份有限公司
资产支持证券管理人	富国资产管理(上海)有限公司
计划管理人	富国资产管理(上海)有限公司
财务顾问	光大证券股份有限公司
律师事务所	北京天达共和律师事务所
会计师事务所	致同会计师事务所(特殊普通合伙)
运营管理机构	首创股份

(1)原始权益人。原始权益人为北京首创股份有限公司(简称首创股份),基金管理人为富国基金管理有限公司(简称富国基金),资产支持证券管理人为富国资产管理(上海)有限公司。

原始权益人首创股份已形成了全国性的业务布局,水务投资和工程项目分布于 28 个省份,覆盖范围超过 100 个城市,产生了明显规模效应,并初步实现了村镇水务业务的纵深化拓展。截至 2020 年末,首创股份污水处理能力达到 1591.22 万吨/天,污水处理量持续快速增长。2020年,公司实现新增投产水处理能力约 192 万吨/天,其中供水新增约 64万吨/天,污水新增约 127 万吨/天。首创股份目前已投入运营的供水规模约为 586 万吨/天,污水处理规模约为 779 万吨/天。

首创股份在沿海发达地区以及境外的优质资产约占公司经营总资产规模的一半,良好的区域优势为未来增量发展奠定了基础。同时,公司积极推动管理革新,充分发挥运营大数据的平台优势,持续缩小产销差率,降低吨水药耗、电耗。凭借规范运行的责任担当和良好的成本控制能力,首创股份普遍得到了项目所在地政府的好评,客户的黏性较强,这有利于今后的持续发展。

（2）基金管理人。富国基金成立于1999年，是经证监会批准设立的首批10家基金管理公司之一。公司注册资本为5.2亿元，总部设于上海，在北京、广州、成都设有分公司，拥有富国资产管理（香港）有限公司和富国资产管理（上海）有限公司两家子公司。富国基金拥有公募、社保、基本养老、年金、专户、QDII、RQFII（通过香港子公司）以及QFII、基金投顾等管理资质，是一家全牌照经营的资产管理公司。

公司股东结构稳定，海通证券股份有限公司、申万宏源证券股份有限公司、加拿大蒙特利尔银行占股27.775%，山东省国际信托投资有限公司占股16.675%。经过多年的发展，富国基金已经形成权益投资、固定收益投资、量化投资三大投研平台，富国基金始终将投研体系建设作为重点工作，三大平台各具特色，发展愈加完善，均已形成竞争力强的品牌价值。目前，富国基金投研能力已覆盖主动权益、固收、量化、养老金投资、FOF等多个领域，具备多策略、多元化的投资管理能力，全面满足持有人投资理财的需求。

（3）基金托管人。与招商蛇口产业园REITs相同。

4. 基础资产

该项目的2个底层资产为深圳市福永、松岗、公明水质净化厂BOT特许经营项目（简称深圳项目）和合肥市十五里河污水处理厂PPP项目（简称合肥项目），设计规模分别为37.5万吨/天和30万吨/天，分别于2011年、2009年逐步投入运营。2018年、2019年、2020年，项目整体现金流净额分别为4976.86万元、1.19亿元和1.80亿元，实现整体净利润分别为995.23万元、2643.85万元和3982.58万元；2021年6月7日（基金合同生效日）至2021年12月31日期间，项目现金流净额1.60亿元，实现净利润3599.51万元。2022年，项目现金流净额1.92亿元，实现净利润3163.72万元，经营收益和现金流总体稳定。

5. 项目特色小结

该项目资产质量较高，区位优势明显，其中深圳项目位于粤港澳大湾区，合肥项目位于长江经济带，两者均属于基础设施REITs试点优先支持的重点区域；污水处理量稳步提升，收益稳定，运营指标高于系统内污水业态平均值；收入来源合理分散。此外，项目原始权益人首创股份是水务行业专业的第三方运营管理机构，在国内拥有多年的水务综合服务运营管理经验。

总的来看，富国首创水务项目是首创股份在污水处理领域具有代表性的优质资产，发行 REITs 过程中充分发挥了第三方运营管理机构优势，坚持底层资产市场化运营，并妥善处理特许经营责任，打消地方政府和行业管理部门忧虑，其对污水处理等民生基础设施项目参与试点具有较好的示范作用。

（三）垃圾发电——中航首钢生物质 REITs

1. 项目背景

2017 年，首钢成为北京市市属国有企业深化改革唯一的一家综合改革试点单位；2018 年，首钢成功入选国务院改革的双百企业。作为首批 REITs 试点申报企业代表，首钢集团把这次试点看成转型的一个新起点、新机遇，将以 REITs 试点为契机，打造投、融、管、退为一体的新型运行管理平台，推动首钢高质量发展。

2. 交易结构

中航首钢生物质项目原始权益人或其同一控制下的关联方参与基础设施基金份额战略配售的比例合计为本次基金份额发售数量的 40%。为满足基础设施公募 REITs 发行及搭建合理股债结构的要求，在 REITs 发行的交易安排中，首钢生物质 REITs 采用了反向吸收合并的资产重组方案，通过设立首锝咨询（SPV）收购项目公司股权及一系列反向吸收合并具体步骤，实现资产支持计划对项目公司"100%股权+股东借款"的结构搭建。

中航首钢生物质 REITs 持有中航—华泰—首钢生物质资产支持专项计划资产支持证券全部份额，中航—华泰—首钢生物质资产支持专项计划持有项目公司 100%股权。中航首钢生物质 REITs 交易结构如图 5-10 所示。

3. 主要参与机构

中航首钢生物质 REITs 主要参与机构汇总如表 5-9 所示。

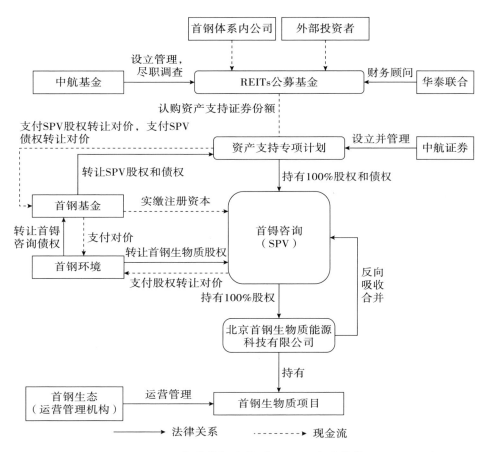

图 5-10 中航首钢生物质 REITs 交易结构

表 5-9 中航首钢生物质 REITs 主要参与机构汇总

机构类型	具体机构
原始权益人	首钢环境产业有限公司
基金管理人	中航基金管理有限公司
基金托管人	招商银行股份有限公司
资产支持证券管理人	中航证券有限公司
财务顾问	华泰联合证券有限责任公司
律师事务所	北京市汉坤律师事务所
审计机构	普华永道中天会计师事务所(特殊普通合伙)
评估机构	北京戴德梁行资产评估有限公司

原始权益人为首钢环境产业有限公司，基金管理人为中航基金管理有限公司，资产支持证券管理人为中航证券有限公司。

（1）原始权益人。2005年，首钢总公司率先在国内冶金行业中成立了专门推进钢铁企业环保产业发展的机构，即环保产业事业部。2007年，总公司进一步整合环保资源，将环保职能管理、技术研发、项目开发、环保设施专业运营纳入环保产业事业部，初步形成了首钢环保产业一体化管理的体制框架。2011年，首钢总公司对现有资源进行深度优化，组建了能源环保产业事业部（能源环保部），成为集能源、环保专业管理和能源环保产业拓展于一体的综合部门。为进一步实现首钢环保产业的规范管理与迅速发展，2014年1月首钢能源环保产业事业部（能源环保部）正式转变为首钢环境产业有限公司。

（2）基金管理人。中航基金管理有限公司成立于2016年6月16日，是经证监会批准设立、为客户提供专业基金管理服务的全国性基金管理公司。公司股东为中航证券有限公司、北京首钢基金有限公司，注册资金为30000万元，经营范围为基金募集、基金销售、特定客户资产管理、资产管理和证监会许可的其他业务。

（3）基金托管人。与招商蛇口产业园REITs相同。

4. 基础资产

该项目底层资产包含3个子项目，即生物质能源项目、餐厨项目、暂存场项目，位于北京市门头沟区鲁家山首钢鲁矿南区。其中，生物质能源项目自2014年1月起开始运行，垃圾处理能力为3000吨/天，年实际处理量超过100万吨，主要处理来自门头沟区、石景山区、丰台区及部分海淀区、东城区、西城区的生活垃圾。项目设计年均发电量3.2亿千瓦·时，年上网电量2.4亿千瓦·时。餐厨项目设计日处理量为100吨，垃圾分类后目前稳定在约150吨/天。暂存场项目为生物质能源配套项目，用于暂时存储生物质能源项目产生的焚烧炉渣。

5. 项目特色小结

中航首钢生物质项目是全国首个发行REITs的生物质发电新能源项目，资产质量较好，相较于其他特许经营权项目，中航首钢生物质项目底层资产收入端受宏观经济或社会事件影响较小，且北京市垃圾量与终端处理设施的处理能力匹配度较高，项目收入确定性较强。针对国补退坡等行业普遍面临的重点问题，中航首钢生物质项目具备一系列保障解决措施，并在当地政府的大力支持下完善相关手续，确保股权转让合法合规。该项目募集资金用于持续提升首钢鲁家山生物质能源项目垃圾处理能力，高标准建设集生活垃圾、厨余垃圾及建筑垃圾处理于一体的固废综合处理利用基地，有利于更好地提升北京市垃圾处理水平，助力绿色发展，对北京市国有企业打造国内领先资产管理处置平台、降低企业杠杆具有典型意义。

第六章

海外REITs及商业信托

ACTIVATE

THE STOCK OF

ASSETS

第一节　海外 REITs

一、基本概念

REITs 是投资于购物中心、办公室或酒店等能够产生收入的房地产资产组合的基金，通常以为基金份额持有人（REITs 的投资者）创造收入为目标。REITs 的资产由专业人员进行管理，其产生的收入（主要是租金收入）一般会定期分配给投资者。通过 REITs，投资者可投资房地产资产，并分享/分担拥有房地产组合的收益/风险。REITs 提供了一个投资机会，就像共同基金一样，使普通人能够从房地产中受益。

REITs 投资多种多样的不动产类型，包括办公室、公寓楼、仓库、零售中心、医疗设施、数据中心、手机信号塔、基础设施和酒店等。大多数 REITs 专注于特定的不动产类型，但有些基金在其投资组合中持有多种类型的不动产。典型的 REITs 架构如图 6-1 所示。

（一）REITs 的起源

REITs 起源于 19 世纪中叶在美国马萨诸塞州波士顿设立的商业信托。当时马萨诸塞州的法律禁止传统的公司拥有除公司必需的工厂、办公楼以外的房地产，所以一般的公司就无法通过买卖房地产来获得收益。有两方面因素促使 REITs 成为一种有效的投资房地产的工具：一是当时的资本所积累的财富需要寻找一个对房地产投资的机会；二是法律允许信托基金对不动产进行投资，所以 REITs 采用的信托结构成为一种被法律允许投资房地产的组织，并且可以享受一定的税收优惠。这种信托方

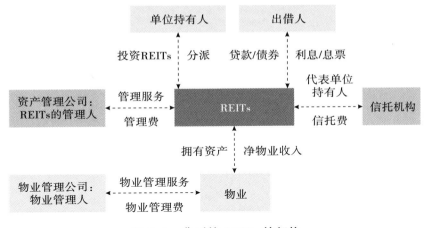

图 6-1　典型的 REITs 的架构

资料来源：https://www.sgx.com/。

式在当地取得成功后被迅速推广到美国其他城市。

直到 1960 年，美国颁布《房地产投资信托法案》才正式标志着现代 REITs 的诞生，此时距离其基本概念的诞生已经过了 100 多年。REITs 第一次为普通美国人带来了投资商业房地产的好处，而以前只有大型金融中介机构和富人才能获得这些好处。截至 2022 年 9 月，美国 REITs 市值达到 1.055 万亿美元，纽约证券交易市场中共有 171 只 REITs。

（二）全球 REITs 现状

截至 2021 年，全球共有 865 家上市 REITs 在运营，总股本约为 2.5 万亿美元。如图 6-2 所示，在过去的 30 多年中，REITs 的数量和股票市值都大幅增长，从两个国家、120 家上市 REITs 增长到 40 多个国家和地区、865 家上市 REITs。

在全球范围内，亚洲 REITs 市场表现出强劲的发展能力，从 2005 年的 6 个国家和地区、31 只 REITs 增长到 2021 年的 11 个国家和地区、216 只 REITs。自 2015 年以来，随着沙特阿拉伯和阿曼的房地产投资信息的增加，中东地区也出现了显著增长。目前采用 REITs 模式的国家和地区如表 6-1 所示。

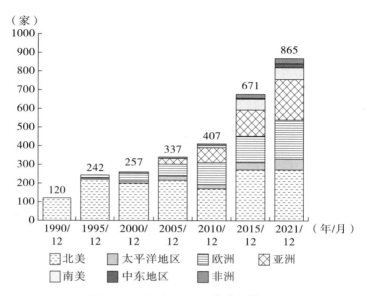

图 6-2　全球 REITs 的增长情况

注：富时纳瑞特所有房地产投资信托基金指数中美国上市股票和抵押房地产投资信托基金的数量，以及被列为标普全球资本 IQ 在房地产投资信托国家和地区的股权或抵押房地产投资信托基金。

资料来源：https：//www.nareit.com/。

表 6-1　采用美国 REITs 模式的国家和地区

分类	国家和地区
七国集团（G7）	美国、加拿大、法国、德国、意大利、日本、英国
其他国家	澳大利亚、巴林岛、比利时、巴西、保加利亚、中国内地、哥斯达黎加、迪拜、芬兰、希腊、中国香港、匈牙利、印度、爱尔兰、以色列、肯尼亚、马来西亚、墨西哥、荷兰、新西兰、阿曼、巴基斯坦、菲律宾、葡萄牙、沙特阿拉伯、新加坡、南非、韩国、西班牙、斯里兰卡、中国台湾、泰国、土耳其、越南
正在考虑采用 REITs 的国家	阿根廷、柬埔寨、加纳、印度尼西亚、牙买加、马耳他、尼日利亚、波兰、瑞典、坦桑尼亚

资料来源：https：//www.nareit.com/。

覆盖人口方面，1990 年有 REITs 的国家和地区人口仅占全球人口的 6%，到 2020 年这一数字达 64%。采用 REITs 模式的国家和地区的人口情况如图 6-3 所示。GDP 方面，采用 REITs 模式的国家和地区的 GDP 情况如图 6-4 所示。

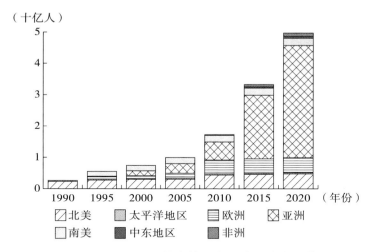

图 6-3 采用 REITs 模式的国家和地区的人口情况

注：世界银行，《世界发展指标》。中国台湾人口通过联合国，经济和社会事务部人口司（2020）得出。

资料来源：https：//www. nareit. com/。

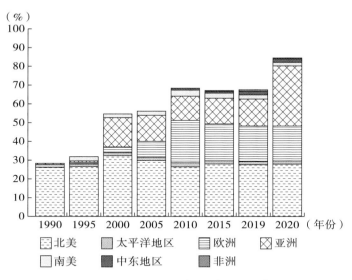

图 6-4 采用 REITs 模式的 GDP 情况

注：世界银行，《世界发展指标》。中国台湾生产总值估计根据国际货币基金组织，国际金融统计和联邦储备经济数据等资料。

资料来源：https：//www. nareit. com/。

二、条件与流程

虽然各地区的 REITs 设立条件与流程并不一致，但各地区在上市条件上有一条共性逻辑：REITs 的上市条件和流程会参照正常的股票上市，除此之外附加一些与 REITs 相关的条件。

（一）各地区 REITs 设立条件与流程的相似之处

1. REITs 收入来源及资产结构要求

各地区通常要求 REITs 投资的主要项目是不动产或与不动产相关的金融资产，以不动产产生的长期、稳定的现金流作为主要的收益来源。绝大多数地区规定了不动产资产与收入必须在 REITs 收入与资产中占有的最低比例，通常为 70% 以上。部分国家和地区税收优惠的前提就是要进行"合格不动产投资"，同时为了确保 REITs 持有的底层资产的成熟与优良属性，部分地区还对 REITs 进行房地产开发、短期交易、持有其他公司股票等加以限制。

2. REITs 收入强制分配要求

REITs 通常要将绝大部分收入（一般占比达到 90% 以上）分配给所有人，强制分配利润保障了不动产产生的长期、稳定的现金流能够流入持有人手中，降低投资人的投资风险。

3. 公开募集与上市交易要求

各地区的 REITs 通常要求公开募集，强制 REITs 上市交易，仅有少部分国家和地区允许私募 REITs 的存在和发展，允许其以非上市的形式交易。

4. 杠杆率要求

设定 REITs 杠杆率限制的主要原因是避免其收入主要用于利息的偿付，减少股东或份额持有人与债权人之间的利益冲突，保障股东或份额持有人的权益。在对 REITs 的杠杆率限制方面，不同的国家和地区做出了不同的规定。例如，新加坡和中国香港要求 REITs 的杠杆率不超过 45%，英国和比利时对利息覆盖率规定了 1.25 倍的下限。

（二）上市条件——以美国 REITs 为例

以美国为例，REITs 产品上市需要满足以下基本要求：

其一，将至少 75% 的总资产投资于房地产。REITs 不能直接或间接拥有任何公司 10% 以上的表决权证券，但另一房地产投资基金、应纳税 REITs 的子公司（TRS）或符合条件的房地产投资信托子公司（QRS）。除此之外，REITs 也不能在股票价值占房地产投资信托基金资产 5% 以上的公司（除 REITs、TRS、QRS）中持有股票。

其二，至少 75% 的总收入来自房地产租金、房地产抵押贷款利息或房地产销售收入。REITs 必须满足两项年度收入测试和一系列季度资产测试，以确保 REITs 的大部分收入和资产源于房地产。

其三，每年以股东股息的形式支付至少 90% 的应纳税所得额。

其四，作为公司应纳税的实体，美国要求 REITs 必须在 50 个州之一或华盛顿哥伦比亚特区成立，目的是让公司为联邦纳税。

其五，由董事会或受托人管理。

其六，至少有 100 名股东。

其七，由 5 名或 5 名以下个人持有的股份不超过 50%。

为了符合 REITs 的资格，公司必须在 1120-REITs 表格上提交所得税申报表。由于此表格要到 3 月才可以填报，因此房地产投资信托基金直到其作为房地产投资基金的第一年（或部分年）结束后才能取得 REITs 资格。然而，如果希望在该年取得 REIT 资格，则必须在该年内通过各种REITs 测试（100 股东测试和 5/50 测试除外，两者都必须从 REIT 的第二个纳税年度开始满足）。

此外，REITs 必须每年向其股东邮寄信件，详细说明股份的实益所有权。如果 REITs 未能按时邮寄这些信件，将受到重大处罚。

（三）上市流程——以新加坡 REITs 为例

以新加坡 REITs 为例，REITs 成立主要有结构重组和准备工作、尽职调查和文件准备、监管审批、推介、认购、稳定股价 6 个步骤（见图 6-5）。

1. 结构重组和准备工作

该步骤涵盖资产选择、财务模型构建、税务结构设计、管理公司和

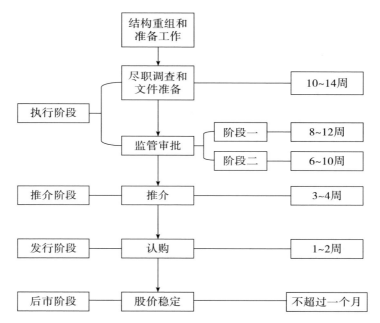

图6-5　新加坡 REITs 的成立步骤及各步骤时长

资料来源：中联基金和中联盛地。

物业管理公司组建、债务条款谈判等方面。

2. 尽职调查和文件准备

该部分进入执行阶段，也是监管审批的一部分。该阶段持续时长为10~14周，需要着手的工作有起草招股书，资产评估，对资产和公司进行尽职调查，律师和审计师分别进行法律尽职调查和财务尽职调查并草拟法律意见书和财务报告，草拟信托契约书等。

3. 监管审批

它涉及向监管机构提交设立申请和上市申请，并回答监管机构的问题和质询。监管审批划分为两个阶段：阶段一持续期8~12周。首先，递交 Section A 上市申请；其次，主投行确认完成尽职询问；再次，挑选大部分董事（如果不是全部）；最后，申请新加坡证券交易所上市调理豁免（如果需要）。阶段二持续时长为6~10周。首先，递交 Section B 上市申请；其次，递交招股书与公开发售的资料；最后，由金融管理局进行审批。

4. 推介

推介阶段需要征询公众意见以及进行市场推广。该阶段时长为3~4周。首先，撰写研究报告并进行前期推介；其次，锁定基石投资者和锚定投资者，有针对性地进行路演和簿记；最后，由机构配售和零售发行。

5. 认购

该发行阶段持续时长为1~2周，涉及招股书的正式注册、公开认购以及结算等步骤。

6. 稳定股价

该步骤进入后市阶段，通常持续期不超过一个月，应做好后市支持工作，以确保后市中流动性。

在新加坡证券交易所主板一般需要8~10个月的时间完成上市。

三、典型案例分析

（一）美国铁塔 REITs

1. 项目背景

美国铁塔公司（American Tower Corporation）创建于1995年，最初是美国无线电公司（American Radio Systems）的子公司，公司总部设在马萨诸塞州波士顿，分支机构遍及美国、巴西、智利、哥伦比亚、德国、加纳、印度、墨西哥、秘鲁、南非和乌干达等国家和地区。该公司是一家领先的无线和广播通信站点独立开发运营商，主要业务是向无线服务提供商、广播电视公司、无线数据和数据提供商、政府机构和市政当局及其他行业提供空间通信站点租赁业务，同时也提供顶棚通信站点和室外分布式天线系统（DAS）网络租赁管理和服务。

美国铁塔公司于1998年被分拆并在纽约交易所独立上市，自2005年与SpectraSite Communications，Inc合并后，成为北美最大的电塔公司之一。2011年，考虑到美国联邦收入税率优惠，公司对外宣布转型REITs，同年6月向美国证券交易委员会递交招股说明书，次年成功转型并向股东支付定期股息。

美国铁塔 REITs 是当前全球最大的 REITs，市值超过1000亿元。转型为 REITs 后，为符合 REITs 规定的标准，公司始终保持着较高的股利支付率。由于 REITs 分红抵税效应，公司自 2012 年以来的连续经营收入有效税率始终大幅低于联邦法定税率。

美国铁塔 REITs 公司股权非常分散，最大持股比例不超过 15%，股东多为全球知名机构投资者。投资者的追捧使其能够以较低融资成本募集资金，用于站址收购、新站建设以及国际化扩张。

2. 交易结构

公司型 REITs 结构如图 6-6 所示。

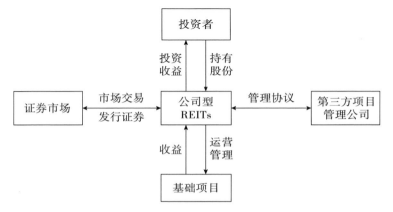

图 6-6 公司型 REITs 结构

美国铁塔 REITs 是公司型 REITs，是具有独立法人资格的经济实体，通过发行股票来募集资金，上市流通的 REITs 份额即为公司股票。美国铁塔公司持有的资产为铁塔及所在土地的经营权。单个铁塔上通常可容纳 4~5 个租户的通信装置，一些站址还配备发电机，为租户提供备用电源。此外，站址所在的土地所有权部分为美国电塔公司所有，其余则通过租赁获得。

美国铁塔 REITs 的商业模式主要是基于已有的铁塔资源向通信运营商租赁通信铁塔上的空间用于搭载其通信设备，并收取租金，与主营租赁业务直接相关的成本主要是站址的能源费用，其他管理销售费用主要包括土地租金、房地产税、监控、公用事业、保险、站址维护等费用。美国铁塔市场发展成熟，独立运营的第三方铁塔公司拥有美国境内超 80% 的铁塔，议价能力强，支持公司在定价时进行成本转嫁，降低了因成本端价格变动产生的公司业绩波动风险。

美国铁塔 REITs 的经营模式决定了其拥有的站址资源是业务的核心，站址资源规模直接决定了公司能够服务的用户规模。美国铁塔 REITs 扩大站址规模的方式主要包括自主新建和外延收购。

3. 主要参与机构

（1）受托人。美国铁塔 REITs 的受托人是纽约银行梅隆信托公司，美国铁塔公司最初已任命受托人为票据的付款代理，注册服务商和托管人。在违约事件持续期外，受托人将仅履行契约中明确规定的职责；在违约事件存在期间，受托人将行使根据契约赋予它的权利。在遵守这些规定的前提下，受托人没有义务应任何票据持有人的要求行使其在契约下的任何权利，除非该持有人已向受托人提供了令其满意的担保和赔偿。

（2）存托信托公司。存托信托公司（Depository Trust Company，DTC）是票据的证券托管人，持有直接参与者存入 DTC 的证券。DTC 通过直接参与者账户的电子计算机记账方式，促进证券交易的直接参与者之间的结算，如转移和质押，从而消除了证券证书的实物流动。DTC 的直接参与者包括证券经纪人和交易商（包括承销商）、银行、信托公司、清算公司和某些其他组织。DTC 的间接参与者（如证券经纪人和交易商、银行和信托公司）若与其直接参与者存在托管关系，也可以访问 DTC 系统。

4. 基础资产

美国铁塔 REITs 投资组合包括其拥有的塔楼以及根据长期租约、分布式天线系统网络营运的塔楼。除投资组合中的通信站点，该公司根据各种合同为业主提供屋顶和塔楼站点管理服务，并持有主要租赁给通信服务提供商和第三方铁塔运营商的其他电信基础设施、光纤和财产权益。该公司持有高度互联的数据中心设施和相关资产组合，而这些设施主要租赁给企业、网络运营商、云提供商和配套服务提供商。

截至 2021 年 12 月 31 日，美国铁塔 REITs 的投资组合涵盖超过220000 项通信基础设施资产，包括美国和加拿大的 43308 个通信站点，亚太地区的 75725 个通信站点，非洲的 22165 个通信站点，欧洲的30041 个通信站点和拉丁美洲的 48892 个通信站点，包括光纤在内的城市电信资产，在阿根廷、巴西、哥伦比亚、印度、墨西哥、南非、澳大利亚、加拿大和美国的其他财产权益。

（二）吉宝数据中心 REITs

1. 项目背景

吉宝企业集团（Keppel Corp）是新加坡大型的跨国公司之一，业务包括岸外与海事、房地产、基础设施、投资四大板块，其中基础设施中的数据中心业务得益于吉宝企业集团的提前布局与新经济对数据业务需求的增长，成为吉宝企业集团基础设施业务中的明星。

吉宝数据中心业务发轫于 Keppel DC SGP1 这座 6 层主机房与 5 层附属的大楼，其于 2001 年建立成为数据中心，是吉宝数据中心业务的首个项目，也是东南亚数据中心枢纽。此后 2010 年吉宝企业集团投建了 Keppel DC SGP2 数据中心，收购了澳大利亚悉尼 Gore Hill 数据中心。

2009 年，吉宝企业集团子公司吉宝讯通（Keppel T&T）和总部位于新加坡的房地产投资管理公司（AEPim）成立 Securus Partners 基金，为实现数据中心资产的多元化奠定了基础。

Securus Partners 基金于 2010 年募资完毕，2011~2013 年先后收购了澳大利亚布里斯班 iSeek 数据中心、英国伦敦 GV7 数据中心、马来西亚 Basis Bay 数据中心、爱尔兰都柏林 Citadel 100 数据中心、荷兰阿姆斯特丹 Almere 数据中心，完成了上市前资产的准备。

2014 年 12 月 12 日，吉宝企业集团将上述 8 处数据中心资产注入新平台吉宝 DC REIT，在新加坡证券交易所通过 REITs 上市，成为亚洲首个纯数据中心 REITs，也创造了新加坡证券交易所当年上市 REITs 最大规模的 IPO 纪录，募资 5.129 亿美元，获得 9.6 倍超额认购。

2. 交易结构

吉宝 DC REIT 结构如图 6-7 所示。

吉宝 DC REIT 主要直接或间接投资多元化的可产生收入的房地产资产组合及房地产相关资产，具体包括托管资产、全套资产、空壳资产和核心资产的最佳组合，以及通过债务证券投资的网络资产，从而增强其投资组合的多样性和弹性。

管理人的主要目标是为吉宝 DC REIT 的单位持有人提供定期和稳定

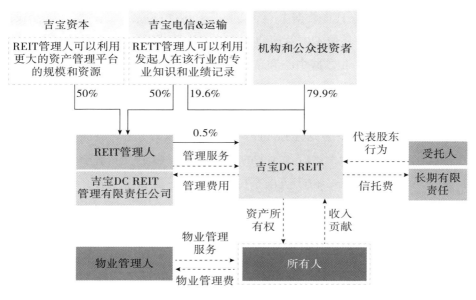

图6-7　吉宝DC REIT结构

资料来源：https：//www.sgx.com/。

的分配，并通过至少90%的资产管理规模实现数据中心投资的长期增长，同时保持最佳资本结构。

3. 主要参与机构

吉宝DC REIT由吉宝电讯运输有限公司(Keppel T&T)赞助，由吉宝DC REIT管理私人有限公司(管理人)管理。吉宝资本控股私人有限公司(以下简称吉宝资本)拥有管理人50%的权益，剩余权益由吉宝科技持有。吉宝资本是亚洲首屈一指的资产管理公司，通过其上市的REITs、信托基金以及私人基金，在全球主要市场的房地产、基础设施、数据中心和替代资产方面拥有多元化的投资组合。吉宝企业集团通过吉宝T&T和私人数据中心基金。

4. 基础资产

截至2022年9月30日，吉宝DC REIT投资组合包括23个数据中心，可出租面积为2784296平方英尺，分布在亚太地区和欧洲9个国家的13个城市。新加坡的6个数据中心分别是KDC SGP 1、KDC SGP 2、KDC SGP 3、KDC SGP 4、KDC SGP 5和DC1，澳大利亚的两个数据中心分别是悉尼的 Gore Hill 数据中心和 Intellicentre Campus 数据中心，马来西亚的一个数据中心是位于雪兰莪州的 Basis Bay 数据中心，德国的两个数据中心即为 Kelsterbach 数据中心和位于缅因州奥芬巴赫的 maincubes 数据中心，爱尔兰的两个数据中心位于都柏林，意大利的为米兰数据中心，荷兰的三个数据中心分别为阿尔梅雷的 Almere 数据中心、阿姆斯特丹的 Amsterdam 数据中心、德赫克的 Eindhoven Campus 数据中心，英国的三个数据中心分别为位于威尔士首府卡迪夫的 Cardiff 数据中心、位于伦敦格林尼治广场的 GV7 数据中心，位于英国布拉克内尔的伦敦数据中心，中国的三个数据中心位于广东。

第 二 节　 商 业 信 托

一、基本概念

商业信托是一种将受托人和资产管理人合二为一成为信托管理人的投资工具。信托管理人代替商业信托的股东持有和经营商业企业，并帮助其从中获取收益，信托责任完全由信托管理人承担。

商业信托模式适用于增长稳定、现金流稳定的企业，如基础设施和公用事业企业。商业信托为投资者提供了一种新的投资现金产出资产（包括基础设施、公用事业和交通运输资产）的方式，该结构将大额资产组合为流动性较好且价格适中的份额，并在新加坡证券交易所上市交易。

商业信托具有如下特点：①可以通过较小的资金占用实现对资产的控制。②帮助业主以评估价值实现价值，实现资产套现或转换成流通上市证券，比公司上市估值更高。③可以成为一个持续性的融资平台，未来把项目或其他资产装进上市的商业信托。④可投资尚未形成租金收入的商业、酒店、服务式公寓等开发类项目，且比例没有限制。⑤无举债水平的限制，可通过借贷等方式融资实现资本运用。⑥不同于公司只有在享有利润时才可以分红，商业信托若有现金流，即可进行收益分配。

⑦商业信托对所持标的的所有权及控制权水平没有限制。⑧上市前的资产可由不同的主体持有，仅需要资产持有方签署有条件的转让协议，在商业信托成功上市之日，将资产转让至信托名下即可。

商业信托的架构如图6-8所示。

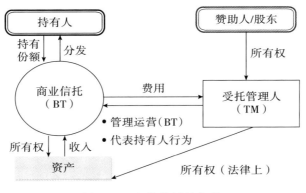

图6-8 商业信托的架构

资料来源：https：//www.bursamalaysia.com/。

（一）商业信托的起源

关于信托的起源，现代信托制度源于英国这一点并无争议，有大陆法起源说和普通法起源说之争（大陆法起源说认为信托源自罗马法的使用权、用益权，普通法起源说认为信托始于英国的用益权制度）。随着金融市场完善与发展，依托信托架构所创造的金融商品不断推陈出新，更加广泛地应用于投资基金及 ABS 等金融领域中。在大陆法系的一些国家，商业实践往往是信托服务的主体，国家为信托业经营管理、信托产品的创新提供法律保障，往往采取颁布信托业法、调制税制来梳理信托法律关系等方式方法。我国依据商业信托原理而创设的金融工具被广泛运用。在金融领域，商业信托的范畴包括资产管理计划、集合资金计划、证券投资基金等形式。

晚近时代以来，英国信托法理是美国沿继的基础。美国将信托大量应用于商业活动中，推动信托进一步发展。马萨诸塞州是美国商业信托起源地，美国依托普通法信托原理的市场实践加以制度化，信托在实践中演进的同时，立法规制也日趋成熟。美国意在消除各州信托立法的差异。2009 年制定《统一法定信托实体法》，该法认为："普通法商业信托不属于法律实体，在交易和诉讼中，需以受托人名义代为行使其权限。"成文法商业信托享有独立的诉权，属于独立的法律实体，并可以自己的名义进行合约的缔结和交易。

(二)商业信托的现状

截至 2022 年 11 月，新加坡证券交易所上市了 50 只商业信托，总市值超过 1000 亿新元。新加坡成交额最大的 3 只商业信托包括网联宽频信托(网络链接服务)、吉宝基础设施信托(能源和废水处理)和腾飞印度信托(房地产)。中国大陆首家(2017 年)登陆新加坡证券交易所发行商业信托的企业为中山市大信控股有限公司，大信商用信托的主营业务是在中国范围内投资、开发、持有购物中心类商业地产项目(含土地或未完工项目)。截至 2022 年 11 月 12 日，大信商用信托的持有资产总估值为4.16 亿新元。

(三)REITs 和商业信托的区别

REITs 和商业信托的不同体现在以下三个方面：
其一，监管制度。商业信托受不同制度下的商业信托法管辖。
其二，责任实体。商业信托由单一的责任实体即信托管理人负责管理，而对于 REITs，虽然资产在法律上由受托人所有，但它们由单独的资产管理人管理。因此，商业信托的信托管理人有双重责任，即维护份额持有人的利益和管理商业信托。
其三，税务。持有新加坡资产的 REITs 是税务透明的投资结构，专注于房地产资产，而商业信托就像企业，受所得税法的约束。

二、条件与流程

(一)商业信托的设立条件与流程——以新加坡为例

1. 登记申请书
商业信托的拟任受托管理人向监管局提出申请，附带监管局所要求的资料或记录，并缴纳相应的费用。

2. 商业信托登记

（1）监管局在商业信托的拟任受托管理人向监管局提出申请后，将该商业信托进行登记。

（2）若存在以下情况，监管局可能拒绝登记商业信托的申请：申请资料不符合规定，申请人不具备相应的业务能力和专业知识，受托管理人或大股东存在金融纠纷，受托管理人或大股东存在欺诈或不实行为，申请人及其母公司或主要股东无管理经验或业绩不良，不具备符合《信托公司条例》的最低财务要求和专业责任保险要求的能力，申请人的内部合规体系和申请流程不健全，商业模式/计划，风险预测和管控不符合相关规定。

具体流程如图6-9所示。

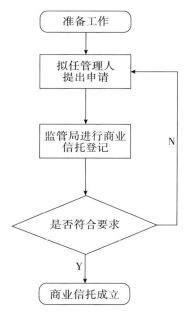

图6-9 商业信托成立流程

（二）商业信托的参与主体

商业信托的参与主体如表6-2所示。

表6-2 商业信托的参与主体

主体	职责
保荐人	可以是一家开发商或是境外信托管理公司，主要职责是提供上市之后的项目收购资源
托管人	由新加坡境内注册的信托公司担任，名义上通过持有各个项目公司股权持有资产，并进行资产管理，主要负责收购其他资产、处置原有资产及投资者关系等
信托单位持有人	拥有商业信托资产并对商业信托产生的收益拥有收益权
项目管理人	受商业信托委托，对未竣工的项目进行直接日常管理及操作
物业管理人	受商业信托委托，对已完工的物业进行招商及管理

（三）商业信托的关键协议

商业信托的关键协议如表6-3所示。

表6-3　商业信托的关键协议

关键协议	当事人	主要内容
信托协议	托管人 信托单位持有人	明确双方在信托设立、信托财产管理及其证券化过程中所产生的基本权利与义务
转让协议	托管人 物业持有人	用于托管人收购资产，物业持有人于商业信托设立后将其持有的股份转换为信托份额或以现金方式退出
租赁协议	商业信托 承租人	明确已竣工资产的经营权
物业管理协议	商业信托 承租人 物业管理人	负责已竣工资产的日常运营和管理
项目开发协议	商业信托 项目管理人	负责未竣工资产的后续开发

三、典型案例分析

（一）吉宝基础设施信托

1. 项目背景

吉宝基础设施信托（Keppel Infrastructure Trust，KIT）是新加坡上市的最大多元化商业信托，管理着约50亿美元的资产。该信托于2007年1月5日根据新加坡法律成立，并在新加坡金融管理局注册。2015年5月18日，原吉宝信托和新源基础设施信托（CitySpring Infrastructure Trust）合并成一个扩大的商业信托；同年5月21日，吉宝信托通过私募和优惠发行筹集5.25亿新元，5月30日完成收购吉宝万里旺热电厂（Keppel Mer-limau Cogen）51%的股权。合并后的信托继续在新加坡证券交易所挂牌，并成为新加坡最大的基础设施商业信托。

KIT的投资组合包括能源转型、环境服务以及分销和存储三个核心部分的战略业务和资产。KIT资产范围包括燃气与管网、发电、水处理三大领域，分布在新加坡和澳大利亚两地，是一个综合的基础设施商业信托。它的发电资产包括两座垃圾焚化发电厂，即 Senoko WTE Plant 和 Tuas WTE Plant，日处理能力分别为 2300 吨级和 800 吨级，以及天然气发电厂吉宝万里旺热电厂，发电容量为 1300 兆瓦。公司与新加坡电力公司签订长期供电合同，达成指标后按合同获得稳定收入。

截至 2021 年 12 月 31 日，KIT 管理资产约 45 亿美元。财务及资产负债情况分别如表 6-4、表 6-5 所示。

表 6-4　KIT 财务情况　　　　　　　单位：千美元

财务总结 截至 2021 年 12 月 31 日的财政年度	2021 年	2020 年	Change（%）
集团息税折旧及摊销前利润（EBITDA）	317607	328264	（3.2）
营运资金	244128	242595	0.6
自由现金流（FCFE）	192210	225674	（14.8）
已申报的总分配	188670	185641	1.6
申报的每单位分配（美分）	3.78	3.72	1.6
分配收益（%）	6.9	6.8	1.5

资料来源：https：//www.kepinfratrust.com/。

表 6-5　KIT 资产负债情况　　　　　　　单位：千美元

资产负债表 截至 2021 年 12 月 31 日的财政年度	2021 年	2020 年	Change（%）
总资产	4500783	4929535	（8.7）
总负债	2760718	3435593	（19.6）
单位持有的资金	1111718	1141582	（2.6）
市值	2720238	2719789	—
发行单位数目（千张）	4991263	4990438	—
每单位资产净值（美分）	22.3	22.9	（2.6）
调整后的每单位资产净值（美分）	22.5	28.8	（21.9）

资料来源：https：//www.kepinfratrust.com/。

KIT 旨在通过将经常性分配与长期资本增长相结合，为其单位持有人提供可持续的回报。

2. 信托结构

KIT 结构如图 6-10 所示。

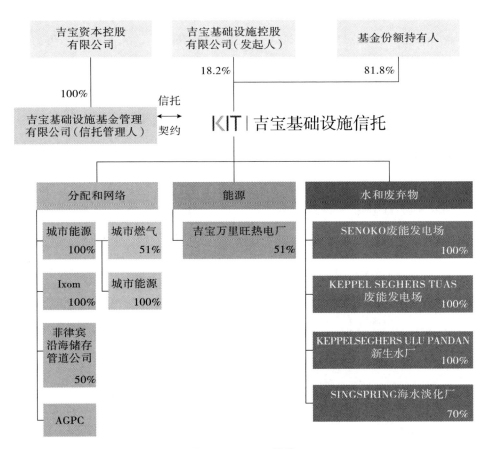

图 6-10　KIT 结构

资料来源：https：//www.kepinfratrust.com。

3. 主要参与机构

KIT 的受托管理人是吉宝基础设施基金管理私人有限公司，是吉宝资本控股私人有限公司的全资子公司，吉宝资本控股在全球主要市场的房地产、基础设施、数据中心和另类资产方面拥有多元化的投资组合。KIT 致力于实现卓越的运营，为联合股东提供稳定和可持续的回报。

根据信托契约，信托管理人有权收取基础管理费和与信托收到的现金流挂钩的绩效费。这种费用结构激励信托管理人增加可分配收入和单位分配，使信托管理人的利益与单一持有人的利益保持一致。受托管理人将制定 KIT 的战略方向，并根据其声明的投资战略决定收购、剥离或增强 KIT 的资产。受托管理人也有义务注意遵守所有相关法律和上市手册的适用规定，并负责确保遵守信托契约和 KIT 签订的所有相关合同。

4. 基础资产

KIT 通过提供电力和天然气、管理废弃物和强化水安全，在支持新加坡循环经济和推动经济增长方面发挥着关键作用。它的关键基础设施组合包括城镇燃气生产、电力和电力传输、废弃物处理和水净化、基本化学品的制造和分销以及石油产品的存储，服务于新加坡、菲律宾、澳大利亚和新西兰的政府机构、跨国公司、工商企业和零售消费者等庞大客户群。它的总资产分类如图 6-11、图 6-12 所示。

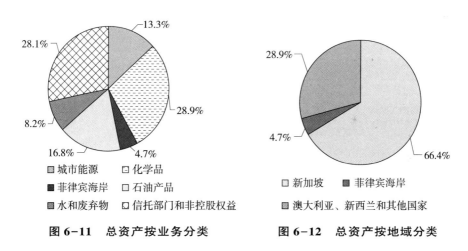

图 6-11　总资产按业务分类　　　　图 6-12　总资产按地域分类

KIT 的投资策略是建立一个多元化的投资组合（见表 6-6），包括与经济增长和国内通货膨胀挂钩的核心基础设施业务和资产。这将支持 KIT 发行的长期增长，并为可持续的未来做出贡献。KIT 在为可持续未来建设基础设施方面发挥着重要作用，还将环境、社会和治理作为其创造价值和实现增长战略的核心。

表 6-6　KIT 投资组合

项目	资产	KIT 的股份	业务	客户	合同期
分销网络	城市能源	100%城市能源信托拥有 51%City-OG Gas 的股份, 和 100%City Energy GO 的股份	城市天然气的唯一生产和销售商,并提供绿色能源解决方案	约 872000 名住宅、商业和工业客户	—
	Ixom	100%	澳大利亚和新西兰主要水处理工业和特种化学品的供应商和经销商	超过 3500 名客户,包括市政当局和蓝筹公司	—
	菲律宾海岸储存和管道公司（Philippine Coastal）	50%	菲律宾最大的石油产品储存设施,位于苏比克湾自由港区	蓝筹股客户	以美元计价的"照付不议"合同,不直接暴露于石油价格和数量风险
	阿美天然气管道公司	间接少数股东和非控股股东	持有 20 年的天然气管网使用权租赁和回租协议	阿美石油公司,全球最大的上市公司之一	自 2022 年起 20 年
能源	吉宝 Merlimau Cogen 工厂（KMC）	51%吉宝能源私人有限公司拥有 KMC 49%的股份	1300MW 联合循环燃气轮机发电厂容量收费协议	吉宝电力	2030 年,可选择延长 10 年（在 2035 年之前可选择延长 30 年）
水和废弃物	Senoko 垃圾焚烧发电厂（WTE）	100%	2310 吨/天垃圾焚烧特许权	NEA,新加坡国家环境局	2024 年
	吉宝 Seqhers Tuas 垃圾焚烧发电厂	100%	800 吨/天垃圾焚烧特许权	NEA,新加坡国家环境局	2034 年
	吉宝集团 Ulu Pandan 新生水厂	100%	148000m³/天的新生水特许经营权	PUB,新加坡国家水务局	2027 年
	SingSpring 海水淡化厂	70%/Hyflux 有限公司拥有 SingSpring30%的股权	136380m³/天海水淡化特许权	PUB,新加坡国家水务局	2025 年（基础土地租赁至 2033 年）

资料来源：https：//www.kepinfratrust.com。

（二）丰树工业信托

1. 项目背景

2010 年 10 月 19 日，丰树工业信托（Mapletree Industrial Trust，MIT）由星展银行有限公司、高盛（新加坡）私人有限公司、花旗集团全球市场新加坡私人有限公司、渣打证券（新加坡）私人有限公司联合发行，其主要投资战略是投资多样化的创收房地产组合，主要用于新加坡的工业目的，创收房地产业主要用作新加坡以外的全球数据中心以及房地产相关资产。

2. 信托结构

MIT 结构如图 6-13 所示。

图 6-13　MIT 结构

资料来源：https：//www.mapletreeindustrialtrust.com/。

MIT 于 2008 年 1 月 29 日成立，为私人信托。2008 年 7 月 1 日，MIT 从 JTC 公司收购了其 64 处房产的投资组合，包括 27 处房产集群，即

IPO 投资组合。MIT 的现有投资者为 Mapletree Industrial Fund Ltd（也是 AUB 泛亚工业基金有限公司和 Maplettree Overseas Holdings Ltd 发起人的全资子公司）、Maplettrey Dextra Pte. Ltd.（发起人的独资子公司）、新加坡工业投资有限公司（一家由 Arcapita Bank B. S. C.（C）及其附属公司控制的投资控股公司）和 JCR1 私人有限公司（伊藤忠商事株式会社的子公司），这些合称为现有 MIT 单位持有人。

3. 主要参与机构

丰树工业信托管理有限公司是 MIT 的管理者。管理人对 MIT 的资产有一般管理权。管理人的主要职责是为股东的利益管理 MIT 的资产和负债。管理人将根据其声明的投资策略制定 MIT 的战略方向，并就 MIT 的收购、分拆、发展及扩增资产向受托人提出建议。

丰树设施服务私人有限公司是 MIT 的产业管理公司。产业经理负责为 MIT 投资组合中的产业提供产业管理、租赁管理、项目管理、营销和产业税管理服务。产业管理公司是赞助商的全资子公司。

4. 基础资产

MIT 在新加坡有 85 处房产，在北美有 56 处房产（包括通过与 Mapletree Investments Pte. Ltd. 的合资企业持有的 13 个数据中心），管理总资产约 89 亿新元。MIT 的房地产投资组合包括数据中心、高科技建筑、商业园区建筑、扁平工厂、堆叠/扩建建筑和轻工业建筑。它们战略性地坐落在已建成的工业区和商业园区内，这些地区有良好的交通基础设施。有些房产也位于住宅区附近，为租户提供方便，让他们能够接触到技术熟练、受过教育的劳动力。

MIT 的房地产投资组合如表 6-7 所示。

表 6-7　MIT 的房地产投资组合

项目	新加坡投资组合	北美投资组合	整体投资组合
房产数量(处)	85	56	141
净可出租面积(百万平方英尺)	15.8	8.3	24.1
居住率(%)			
2QFY22/23	96.8	93.1	95.6
1QFY22/23	96.0	94.0	95.3

资料来源：https://www.mapletreeindustrialtrust.com/。

第七章

Pre-REITs

ACTIVATE

THE STOCK OF

ASSETS

第一节　内涵与外延

一、内涵

一些国内专家认为，Pre-REITs 是一个实践性概念，指储备基础设施资产作为底层资产，通过基础设施资产管理，按照基础设施 REITs 的要求逐步实现底层资产的价值提升，并最终将成熟基础设施资产置入REITs 的整体运作。通俗地讲，Pre-REITs 产品是指在基础设施或商业不动产等领域，以尚处于建设期或未形成稳定现金流的基础设施或不动产项目为投资标的，以公募 REITs 退出为主要退出手段，以获取二级市场溢价为投资目的的金融投资产品。

(一)业务逻辑

基础设施资产项目通常需要经历一个较长的培育期才能达到稳定的盈利状态，在现有监管规定下，处于培育期的基础设施资产或商业地产无法成为公募 REITs 的合格资产。通过发起设立私募股权基金等方式开展 Pre-REITs 业务，以合理的价格收购具有公募 REITs 上市潜力的新建、存量不动产资产，待基础设施项目进入稳定运营期后，再通过基础设施REITs 实现基金退出，获取二级市场的溢价退出收益。

借助 Pre-REITs 产品在基础设施投资一级市场提前锁定优质资产，获得项目的控制权，并绑定产业运营方深度合作，在打造公募 REITs 团队相应资产管理能力的同时，稳定为公司提供基础设施 REITs 项目储备。在 Pre-REITs 业务模式下，公募 REITs 团队可提前介入，有针对性地从资产合规性、尽职调查、相关中介业务参与方选定等方面对标的基础设施资产进行梳理和培育，降低后端 REITs 发行前期材料准备的时间成本，为保障项目顺利发行 REITs 奠定坚实的前期工作基础。

（二）发展现状

自证监会、国家发展改革委发布《关于推进基础设施领域不动产投资信托基金（REITs）试点相关工作的通知》（证监发〔2020〕40 号）至 2022 年 9 月 30 日，有 17 只基础设施 REITs 完成发行，共募资 689.052 亿元，相比已建成的百万亿元量级的基础设施存量资产，还有极大规模的存量资产待盘活，究其原因，资产质量及体量是影响基础设施 REITs 产品发行的关键。

国内基础设施 REITs 仍处于前期试点阶段，一个产品的上市发行需要经过各级发展改革委、交易所、证监会的层层审核，在基础设施项目优质的前提下，也需要近一年的筹备和申报时间。对于一些具有良好潜力但尚未达到基础设施 REITs 申报标准的基础设施项目而言，则需要更长时间的培育过程。

Pre-REITs 作为 REITs 生态的前端环节，在基础设施项目的前期建设和培育阶段通过对资产的管理创造价值，最终将资产发行或装入 RE-ITs。Pre-REITs 已较早在美国、新加坡等市场运作，对各地 REITs 发展起到重要的推动作用。

二、外延

（一）价值评估

Pre-RETIs 主要通过对底层基础设施资产的管理创造价值，实现基础设施资产置入基础设施 REITs 之前的价值最大化。Pre-RETIs 的价值主要体现在以下两个方面：

1. 为基础设施 REITs 提前培育储备优质项目

我国基础设施 REITs 为首次试点发行，为保护二级市场投资者、保持市场的长期发展，从项目权属、项目质量、原始权益人和运营企业等多方面对底层资产提出了严格的要求。Pre-REITs 可通过权属梳理、调整收入结构、引入优质用户等措施提升标的资产未来现金流的稳定性，最终促成基础设施 REITs 产品的发行。

2. 作为基础设施 REITs 对外扩张的工具

在国际 REITs 利用 Pre-REITs（通常为不动产私募基金）发展的过程中，有些 REITs 利用不动产私募基金收购第三方不动产甚至收购第三方 REITs，Pre-REITs 在我国后续也可作为基础设施 REITs 重要的扩张工具使用。

（二）表现形式

如今，持有型不动产私募基金是 Pre-REITs 的主要表现形式。相较于公募基金管理人而言，私募基金管理人可采取的投资策略更为灵活与广泛，可以承受基础设施在开发、改造及培育时期没有稳定收入的情况。

首先，公募 RETIs 的严格规定与中风险性使其本身不适合大规模开展 Pre-REITs 运作。公募 REITs 主要投资于成熟的核心型物业，其投资者群体更为普惠广泛，包括非专业的零售投资者。具体而言，公募REITs 的流动性类似于股票，零售投资者等非专业投资者都可以参与投资，为保护这类投资者的利益，各地对公募 REITs 的要求较为严格。

2022 年，证监会对此前的《证券投资基金管理公司管理办法》进行了修订，并更名为《公开募集证券投资基金管理人监督管理办法》。本次修订从"准入—内控—经营—治理—退出—监管"全链条完善监管制度，对基金管理公司股东准入条件、公募基金管理人市场化退出机制等作出具体规定，加强了对公募基金管理人的监督管理。相似地，各地 REITs 市场监管机构在不动产资产质量、杠杆率上限、管理人员等方面均对公募 REITs 有着更为严格的规定。而 Pre-REITs 的标的常为尚处于建设期或未形成稳定现金流的基础设施或不动产项目，这类资产的产权、手续、现金流、运营状态等很难满足公募 REITs 的要求。公募 REITs 的投资者往往是普通投资者，投资者们更倾向于将公募 REITs 当作中等风险和中等收益的金融产品，这显然与 Pre-REITs 开发、改造及培育不动产的特点不同。

其次，持有型不动产私募基金的灵活度以及投资者的专业性使其与 Pre-REITs 的更为契合。不动产私募基金主要用于开发、改造、培育非成熟物业，其投资群体为更为专业的合格投资者。不动产私募基金封闭期较长、份额流动性较弱，因此不动产私募基金对投资者的资金期限、风险承受能力、专业判断力有较高的要求。

与公募 REITs 相比，监管对不动产私募基金的限制较少。公募REITs 在投资品种、投资比例、投资与基金类型的匹配上有严格的要求，而持有型不动产私募基金的投资完全由协议约定，不动产私募基金管理者可采取更为灵活的投资策略。此外，不动产私募基金的投资对象是少数特定的合格投资者，包括机构和个人，其具备较强的风险识别能力和风险承受能力。而公募 REITs 往往由大量的普通零售投资者持有。不动产私募基金份额通常由机构投资者持有，机构投资者风险承受能力较强，资金期限较长，对私募基金管理人的尽职调查判断能力更强，专业的机构投资者给不动产私募基金出资，使基金管理人有更好的条件开展 Pre-REITs 运作，坚持长期投资、主动管理、创造价值。

总之，持有型不动产私募基金与 Pre-REITs 更为契合。不动产私募基金和公募 REITs 的投资标的、投资者群体不同，因此具备两种不同的金融职能。持有型不动产私募基金与公募 REITs 差异明显，两者的金融活动各有特色。持有型不动产私募基金由风险承受能力较强、资金期限较长的机构投资者所有，私募基金管理人的投资和管理灵活度高、专业能力强、所受约束少，私募基金更适合参与高增值、高风险、长期限的投资活动，因此更适合发挥 Pre-REITs 的重要作用。

第二节 运作模式

在 Pre-REITs 的实务过程中，通常涉及募资、投资、管理、退出四个环节。其中，在募资环节，证券基金或者其关联企业可单独或协同商业资本方作为普通合伙人，各投资者作为有限合伙人一同发起设立 Pre-REITs 私募基金；在投资环节，Pre-REITs 主要使用核心增值型、价值增值型及机会型三种投资策略；在管理环节，有不动产私募基金开发、修复以及收购资产三种方式来置入 REITs；在退出环节，公募 REITs 为

Pre-REITs 提供有效退出路径，但需符合政府金融监管政策，具备正式发行所需条件，因此流程相对漫长。

一、募资

在募资环节，证券基金或者其关联企业可单独或协同商业资本方作为普通合伙人，各投资者作为有限合伙人一同发起设立 Pre-REITs 私募基金。它主要包括产品方案内审、风险控制委员会审查、投资决策委员会决策、标准化法律文本、投资人风险揭示、资金到位及托管等内容。

二、投资

在投资环节，主要有四种投资策略，分别为核心型、核心增值型、价值增值型及机会型。

核心型投资策略主要投资已经产生稳定现金流的资产，如繁华地带的物流节点城市的仓库、数据中心、产业园、办公楼、购物中心及公寓等，持有资产的时间较长，杠杆率较低，目标内部收益率一般在 6%~8%。由于此类投资策略风险分散、回报较低，而 REITs 本身也较多使用此类策略，因此 Pre-REITs 对此类策略的使用并不多。

核心增值型投资策略是在核心型收益基础上获得部分资产增值收益，杠杆率处于中低水平，内部收益率通常为 10%~12%。价值增值型投资策略需要改造返修、整体经营提升的不动产项目，通过改善资产的现金流情况获得资产增值的收益，持有时间通常在 3 年及以上，杠杆率适中，目标内部收益率通常为 13%~15%。

机会型投资策略主要投资情况复杂、处理难度较大的不动产项目。此类投资策略的投资时间较短，杠杆率较高，风险较大，目标的内部收益率在 18% 以上。Pre-REITs 一般使用这三类策略。

三、管理

在投后管理环节，需要落实投资协议、监管资金安全、对投资的不动产增值赋能、进行策略研究并反哺投资管理。

（一）开发资产

借助不动产私募基金为 REITs 开发、改造或培育资产并最终向 REITs 置入资产较为常见，在 Pre-REITs 运作中发挥了关键作用。

尽管国内 Pre-REITs 的叫法较为新颖，但以私募股权形式参与不动产前期投资，待培育成熟后再以公募 REITs 或类 REITs 方式退出的业务模式已有案例。例如，凯德集团通过不动产私募基金培育增值资产，最终注入境外公募 REITs，获得较好的收益率，就属于早期 Pre-REITs 运作案例。从境内 REITs 来看，2021 年 6 月，华安张江光大园封闭式基础设施证券投资基金发行上市，其底层资产前期通过不动产私募基金方式近 5 年的运作，形成了稳定的现金流，满足了公募 REITs 对基础设施项目的发行要求，是境内首个通过"Pre-REITs+公募 REITs"实现退出的案例，完成了从项目投资到成熟运营的多环节运作。

（二）修复资产

当 REITs 进入资产老化、经营困境等价格低估状态时，一些不动产私募基金管理人擅长发挥修复 REITs 资产价值的作用。典型案例为不动产私募基金管理人黑石集团多次收购 REITs。黑石集团是全球最大的不动产私募基金管理人，典型操作策略是"买入—修复—退出"，以各种手段修复 REITs 被低估的价值。

值得指出的是，不动产私募基金修复 REITs 可与 Pre-REITs 构成闭环。例如，在 2007 年黑石集团私有化办公物业投资信托之后，其中位于硅谷的 24 只不动产资产经过黑石集团漫长的经营，直到 2014 年才置入了另一只 REITs，即哈德森太平洋地产公司。

（三）收购资产

在国际 REITs 利用不动产私募基金的发展过程中，有些 REITs 会利用不动产私募基金收购第三方不动产，甚至收购第三方 REITs，实现自身的外延式扩张。例如，2004 年，金科房地产投资信托与不动产私募基金管理人 DRA 顾问公司合作，以 12 亿美元收购了另一只 REITs，包括 33 个购物中心和一块未开发土地，利用不动产私募基金一举实现了跨越式发展。

四、退出

在 Pre-REITs 通过公募 REITs 退出的阶段，由于公募 REITs 面向公共投资者，需要符合政府金融监管政策，具备正式发行所需条件，因此流程相对漫长。

Pre-REITs 在退出价格、退出时间与结果方面均存在不确定性。一是退出价格。项目公司股权转让的对价一般根据公募 REITs 的募集资金确定，募集资金根据经网下投资者询价方式确定的基础设施基金份额认购价格确定，且转让对价将受限于交割审计的调整。因此，退出价格在公募 REITs 注册与取得交易所无异议函时尚不确定。二是退出时间与结果。鉴于公募 REITs 发行需经历国家发展改革委预沟通、国家发展改革委申报及推荐、基金注册、交易所出具无异议函、询价、定价、销售、产品设立等多个环节，所需的时间及能否成功发行均具有极大的不确定性。

第三节　潜在资产

Pre-REITs 运行成功与否，本质是看其所包含的资产，把握基础资产质量是保障基础设施 Pre-REITs 试点能够成功的基础。

一、产业园区

高科技产业园区、特色产业园区等园区资产是目前基础设施 REITs 政策下重要标的资产，各地区工业厂房、创业孵化器、产业加速器等园区资产总体体量大，通过 Pre-REITs 整合并培育后，具有较大的潜力成为 REITs 的标的资产。参考美国经验来看，1994~2021 年工业 REITs 平均综合回报率达 15.8%（年回报率算数均值），高于各业态均值 117bp，2015 年以来相对优势更为凸显，综合回报率溢价达 1224bp，具有显著的配置价值。

根据 2018 年《中国开发区审核公告目录》的统计结果，国务院共批准设立开发区 552 家，覆盖 31 个省级行政区，其中经济技术开发区 219 家，高新技术产业开发区 156 家，海关特殊监管区域 135 家，边境/跨境经济合作区 19 家，其他类型开发区 23 家，行业涉及汽车、电子信息、装备制造、新能源、新材料、医药、绿色食品、化工、仓储物流、光电光伏等；省级人民政府批准设立开发区 1991 家，主要布局行业涵盖智能制造、医药、节能环保、生物制药、新材料、航空航天等。

二、安居住房

2021 年 6 月，国务院办公厅印发《关于加快发展保障性租赁住房的意见》（国办发〔2021〕22 号），提出突出住房的民生属性，扩大保障性租赁住房供给，缓解住房租赁市场结构性供给不足，推动建立多主体供给、多渠道保障、租购并举的住房制度，推进以人为核心的新型城镇化，促进实现全体人民住有所居。2022 年 1 月，住房和城乡建设部提出"十四五"期间 40 个重点城市计划新增保障性租赁住房 650 万套（间）的总目标。

由于保障性租赁住房租金低于周边同等品质的市场租赁住房，因此不管是大城市还是中小城市，保障性租赁住房都受到求租者的热捧。保障性租赁住房的出租率普遍很高（在 90% 以上），除了换租维修期间会有一些空置，一般不存在其他会导致房屋空置的情况。稳定的高出租率和高收缴率使保障性租赁住房项目具有较为稳定的经营现金流，是发行基础设施 REITs 的理想资产。通过设立 Pre-REITs 作为安居集团的角色，统一运营孵化后可发行基础设施 REITs 产品。

三、停车资产

2021 年 7 月，停车场项目被纳入 REITs 试点。相对于商办类资产，停车资产具备良好的现金流。停车场是为汽车服务的，汽车的数量及需求在不断增长，根据公安部的数据，截至 2022 年 6 月底，全国机动车保有量达 4.08 亿辆，其中汽车 3.12 亿辆。汽车泊位的增长受限于城市空间，本身的缺口巨大，所以它是一个供给侧的资源，需求比供给增长快，而且有红利，意味着会有稳定的现金流，这非常适合做 Pre-REITs，也有做 Pre-REITs 的必要。

从资产回报率上，停车整体收费基数在中国偏低，但细分领域内市场化停车基础设施尤其是街边临时占道停车位表现出较好的运营收益，满足 REITs 标的资产的基本特质。建议将国内优质区域的街边临时停车位资产梳理汇总，由对应政府主管部门以公开竞争方式将一定期限内特许经营权转让给社会资本设立的 Pre-REITs，以达到基础设施 REITs 对发行体量的要求，由 Pre-REITs 孵化后再发行 REITs 产品。

四、办公用房

2017 年 12 月 11 日，中共中央办公厅、国务院办公厅印发的《党政机关办公用房管理办法》将办公用房定义为党政机关占有、使用或者可以确认属于机关资产的，为保障党政机关正常运行需要设置的基本工作场所，包括办公室、服务用房、设备用房和附属用房。该管理办法规定，无法调剂或者置换解决办公用房的，可以面向市场租用，但应当严格按照规定履行审批程序。各级财政部门会同机关事务管理部门，制定本级党政机关办公用房租金标准，并实行标准动态调整。

因此，结合考虑使用方和权属方的经济性质，政府存量办公用房可分为两类：一是登记在各级机关事务管理部门名下由党政机关及事业单位使用的办公用房，即自有办公用房；二是登记在地方国有企业名下由党政机关及事业单位支付租金有偿使用的办公用房，即租赁办公用房。

租赁办公用房，权属明确，可以产生独立、可预测的现金流且可特定化，符合 ABS 基础资产的基本要求，后续具备发行基础设施 REITs 产品的基本条件。

第四节 典型案例分析

一、光大安石不动产私募基金

光大安石(北京)房地产投资顾问有限公司(以下简称光大安石)是一家跨境的不动产资产管理公司,是中国光大控股旗下最具规模的产业投资基金管理人与不动产投资平台,自成立以来始终专注于不动产投资及资产管理业务。

在多年的发展历程中,光大安石已经打造出包括股权投资、结构化投融资、跨境资产管理及不动产 ABS 等在内的多条成熟产品线,同时光大安石已建立起全方位的资产管理体系。关于光大安石的资产管理部门,总部包括风险及资产组合管理部门、商业事业部、写字楼事业部、工业事业部等部门。通过总部与项目现场结合的管理体系,光大安石可以对投资项目提供从前期定位、设计到项目招商、销售、运营管理等全流程资产管理,以及最终实现证券化上市的一体化解决方案。

(一)项目背景

产业园区在各地经济发展中扮演着催化剂与助推器的角色,是连接区域经济与产业发展的桥梁。产业园区是各地区域经济发展中的重要角色,可推动地方经济社会的发展和进步。作为新兴招商引资的载体,产业园区发挥了产业集聚、金融服务及高新科技等多维效用。

张江光大园是上海市以及浦东新区重点发展的产业园区,也是浦东新区经济发展的重要增长极,园区凭借其自身区位、交通条件及产业服务等优势,吸引了包括集成电路、先进制造业、在线经济、金融科技及产业服务配套等优质企业的入驻,逐渐发挥了产业集聚效应,营造了良好的产业发展环境。

张江光大园项目主要定位于国家战略性新兴产业、金融科技与高科技研发产业，随着上海向超一线城市的不断发展和自由贸易试验区金融资源与各类产业的落地与增长，项目成长性可能较高。张江产业园区是以国资为背景的产业园区，拥有很明显的优势，政策倾斜力度大，持有的资产总量多，招商引资情况更加多元，在资源相对充足的情况下，增加了产业园区运行的成功率。但同时，由于它的体制机制限制较大，效率及活力相对较差，因此对行业发展前景的预判可能存在一定的延后与限制，而当公募REITs完成收购后，由市场化的运营机构代运营，这一缺陷将被有效弥补。

（二）交易结构

华安张江光大园REITs发行项目规模为14.7亿元，该项目由华安基金主导，由国泰君安证券股份有限公司、上海集挚咨询管理有限公司等机构协同。

首先，上海安恬投资有限公司（简称安恬投资）收购原张江光大园的运营公司上海中京电子标签集成技术有限公司（简称中京电子）；其次，国君资管设立专项计划，收购安恬投资的全部股权；最后，华安张江光大园REITs获得专项计划的所有股权，实现穿透控制中京电子（见图7-1）。

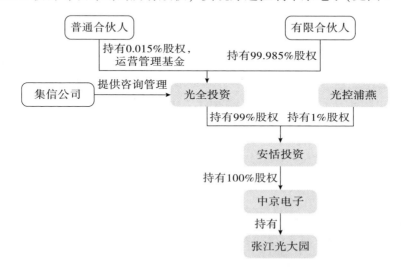

图7-1　光大安石不动产私募基金整体架构

资料来源：张江高科公司公告。

这样的结构既减少了基础资产的风险暴露，也绕过了公募基金无法直接投资非上市公司的法规。收购完成后，张江光大园由张江高科的孙公司上海集挚咨询管理有限公司运营管理，进而有效提升了基础设施项目的盈利能力和价值水平。

（三）主要参与机构

1. Pre-REITs 阶段：上海光全投资中心

2016 年 5 月 12 日，上海光全投资中心（简称光全投资）成立，它是为投资收购星峰企业园（后更名为张江光大园）而专门设立的不动产私募基金，总规模为 6.841 亿元，存续期为 20 年。基金管理人为光大安石全资子公司光控安。基金设立时采取结构化设计，将有限合伙人分为优先级、夹层级、权益级，有限合伙人为首誉光控、张江集电、光兰投资，三者认缴出资占认缴出资总额比例分别为 29.294%、39.994%、30.697%，其中首誉光控和光兰投资为光大安石的关联方，张江集电为张江高科的全资子公司（见表 7-1）。

表 7-1　光大安石不动产私募基金主要投资者及比例

合伙人名称	合伙人类别	认缴出资额（元）	认缴出资额占认缴出资总额比例（%）
光控安石	普通合伙人	100000	0.015
首誉光控	优先级有限合伙人	200400000	29.294
张江集电	优先级有限合伙人	133600000	19.529
光兰投资	夹层级有限合伙人	60000000	8.771
张江集电	夹层级有限合伙人	40000000	5.847
光兰投资	权益级有限合伙人	150000000	21.926
张江集电	权益级有限合伙人	100000000	14.618

资料来源：张江高科公司公告。

2016 年 12 月，光全投资通过持有的安恬投资收购了中京电子 100%股权，中京电子为持有张江光大园的项目公司（见图 7-1）。

2. 从 Pre-REITs 到 REITs：光全投资和光控安石

2021 年 6 月，华安张江光大园封闭式基础设施证券投资基金（简称华安张江光大 REITs)正式发行上市。项目的原始权益人为光全投资和光控安石，基金管理人为华安基金，运营管理机构为集挚咨询(见表 7-2)。

表 7-2　华安张江光大 REITs 主要参与方

角色	机构全称	机构简称
原始权益人	上海光全投资中心(有限合伙)	光全投资
	光控安石(北京)投资管理有限公司	光控安石
公募基金管理人	华安基金管理有限公司	华安基金
目标基础设施 ABS 管理人	上海国泰君安证券资产管理有限公司	国君资管
财务顾问	国泰君安证券股份有限公司	国泰君安证券
运营管理机构	上海集挚咨询管理有限公司	集挚咨询
法律顾问	北京市汉坤律师事务所	汉坤
基础设施项目资产评估机构	仲量联行(北京)土地房地产评估顾问有限公司	仲量联行
审计机构	德勤华永会计师事务所(特殊普通合伙)	德勤

资料来源：华安张江光大 REITs 招募说明书。

从 Pre-REITs 到基础设施公募 REITs，基金主要进行了反向吸收合并安排、新设运营管理机构等操作。具体而言，中京电子吸收取得安恬投资的 100% 股权，在中京电子完成对安恬投资的合并后，安恬投资履行注销手续。另外，基金新设了运营管理机构集挚咨询，出资人为张江集电、光控安石、国泰君安证裕投资有限公司，分别占股权的 45%、40%、10%(见图 7-2 和图 7-3)。

(四)基础资产

张江光大园地理位置优越，位于上海市张江科学城集成电路产业园核心区，名企云集，可作为企业研发总部。它所在周边区域发展较成熟，公共服务配套完善、便利。园区主要包括 7 幢办公楼，总建筑面积 50865 平方米，土地性质为工业用地。入驻企业产业类型主要集中在集成电路(瑞芯微电子等)、在线新经济(叮咚买菜等)、科技金融(平安养老、阳光人寿等)、新能源(林洋能源等)、生物医药(凡迪基因等)等。张江科学城发展至今，形成了众多优势产业和重点园区，成为多个专业

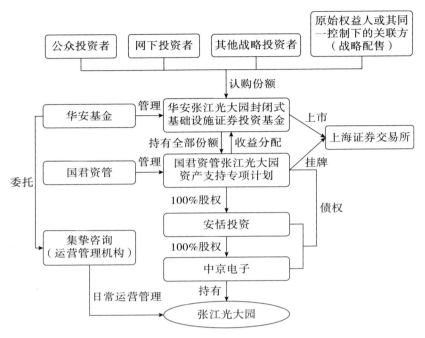

图7-2 基金整体架构（反向吸收合并前）

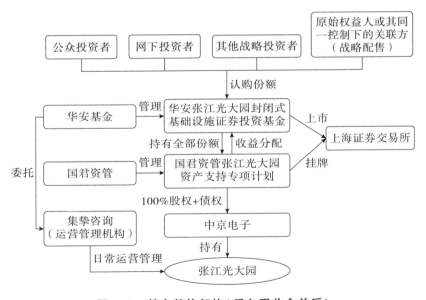

图7-3 基金整体架构（反向吸收合并后）

领域的发展标杆。优势产业有生物医药、5G和集成电路、化工与生物技术、金融（后端办公室）、数据中心、航空产业等。

收购之前，2016年第三季度张江光大园出租率仅为70%，经过一年多的运营管理，2017年底出租率达到96.3%，随后两年光大安石开始主动进行租户结构调整，主动调租面积约1.6万平方米，同时引入在线新经济、集成电路等符合国家重大战略、宏观调控及产业政策、发展规划的行业内优质企业入驻。尽管2018年受租户结构调整影响出租率有所下降，但是近两年均保持了高出租率，尤其是在2020年，管理人对到期未续租面积进行了提前招商安排，完成了租约的新签工作，使得出租率达到99.5%，接近满租。与此同时，2017~2019年平均租金也持续上涨，从5.12元/（天·平方米）上涨至5.22元/（天·平方米）。

经过在不动产私募基金中的培育，张江光大园已经满足了基础设施公募REITs的发行要求，包括经营时间、现金流和投资回报等要求。

第一，现金流持续稳定且来源合理分散。张江光大园收入主要来源包括经营性物业租赁收入、物业管理费收入、停车费收入及其他收入。2018~2020年，运营净收入分别为8474.3万元、7183.7万元、8344.5万元，保持稳定；2020年，来自前三大租户收入占比分别为13.13%、12.59%、11.09%，合计为36.81%，从租户所在行业看，分别来自在线新经济、金融科技、先进制造业、集成电路等，来源合理分散。从租约年限来看，租约年限以2~3年为主，租金剩余年限分布结构合理，2年内的到期租约面积占比为58%。

第二，投资回报良好，预计未来3年净现金流分派率原则上不低于4%。2021年、2022年项目预计可供分配金额分别为6974.05万元和6042.28万元，现金流分派率预测值分别为4.74%和4.11%。

二、凯德集团不动产私募基金

凯德集团是亚洲知名的大型多元化房地产集团，总部设在新加坡。凯德的投资组合横跨多元房地产类别，包括综合体、购物中心、办公楼、旅宿、住宅、产业园区、工业及物流地产和数据中心。

凯德集团逐步形成"私募基金+REITs"的轻资产战略。在中国的大部分商业项目中，组成"凯德模式"资本链条的，除了2006年在新加坡上市的REITs产品凯德商用中国信托，还有凯德集团旗下的若干私募基金，如凯德商用中国发展基金、凯德商用中国入息基金、来福士中国入息创投等。其中，不同的私募基金根据其投资偏好，在项目的不同阶段介入（拿地、建设期、初始运营期等），待项目运营成熟、现金流稳定并符合REITs产品投资条件之后，由凯德商用中国信托REITs行使优先认购权，对商业物业项目进行收购，从而实现私募基金投资退出。

（一）项目背景

REITs适合持有成熟期的购物中心。凯德集团主要投资于购物中心业态，而购物中心经历的开发期、开业筹备期、培育期、成长期漫长，经营波动和风险较大，有些要5年以上才能进入成熟期。另外，新加坡对公募REITs监管严格，如投资于开发中物业和未完成物业不得超过资产总额的10%。同时，零售投资者购买公募REITs有稳定租金回报的投资需求，这也需要成熟期购物中心相匹配。

不动产私募基金解决了凯德REITs投资购物中心的培育需求。凯德集团所管不动产私募基金都是将购物中心培育多年，推向成熟期之后，才将物业出售给REITs，使REITs收购持有的均为租金可预测性较强的成熟物业。另外，公募REITs也为不动产私募基金的项目退出提供了便捷渠道。

（二）项目结构

以凯德Mall·西直门为例，不动产私募基金对REITs扩张起到重要作用。

凯德Mall·西直门的前身是北京西环广场零售商场，凯德集团旗下私募基金之一的凯德商用中国产业孵化基金（凯德商用出资30%）于2006年5月斥资13.2亿元从金融街建设手中买入西直门购物中心一期，之后的资产规划、设备重整和租赁运作投入了大概1.5亿元（见图7-4）。凯德收购时该物业刚刚竣工，将其更名为凯德Mall·西直门，基金开展装修翻新、租赁招商等工作。

改造后的凯德 Mall·西直门于 2007 年 9 月 15 日开始试营业，凯德商用中国信托(凯德持股 6.3%)于 2007 年 10 月宣布准备以 3.36 亿新元(约 17 亿元人民币)的价格收购凯德 Mall·西直门一期，比当初孵化基金的收购价高出约 30%，即使将凯德商用的后续改造投入计算在内，这次转手的溢价也高达 16%，2008 年 2 月收购交易完成(见图 7-4)。

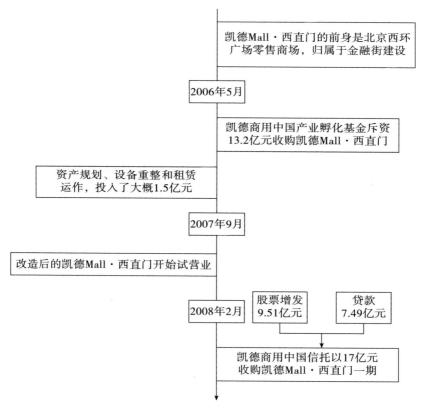

图 7-4　凯德 Mall·西直门交易结构

与此同时，凯德商用中国信任通过股票增发筹集了 1.88 亿新元的资金用于此宗收购，其余缺口通过贷款解决。增发价格是每股 1.36 新元，而收购交易之前和之后的每股净资产分别为 0.98 新元和 1.06 新元，相当于投资者花费 1.36 新元认购真实价值在 1 新元左右的股票，溢价率在 30%以上。

这样凯德 Mall·西直门就顺利完成了从私募基金到公开上市 REITs 的转移，从收购环节开始，凯德可以从资产管理、物业管理和基金管理等多个环节获得收益。

(三) 主要参与机构

具体来看，凯德旗下的私募基金凯德商用中国孵化基金与凯德商用中国信托背后的主要投资者为各个国家、各种类型的机构投资者，且大多与凯德有着长期的合作关系。

从这两个基金的介入节点来看，凯德商用中国孵化基金介入时间最早，在项目拿地、建设期即开始介入，专注于购入中国国内已建成的零售商场，并进一步实现其重组、增值和出租。等待项目运营成熟并有了稳定回报后，凯德商用中国信托再以优先认购权的方式对商业物业进行收购，从而实现退出。

通过这样的资本运作模式，凯德建立了从开发商到私募基金，再到 REITs 退出的一个完整资金回路。

(四) 基础资产

凯德 Mall·西直门位于北京西直门交通枢纽，地铁 2 号线、13 号线和 4 号线都从这里经过。凯德 Mall·西直门是年轻人和时尚人群的聚集地。商场毗邻北京金融街和中关村的高校及技术区，拥有大量的上班族和学生客源。

据凯德商用中国信托年报披露的项目年度客流量，2019 年凯德 Mall·西直门的日均客流量高达 10.4 万人次。从运营效率看，凯德 Mall·西直门项目净可租赁面积约为 5 万平方米。

西直门项目的改造侧重年轻潮流消费，近年来持续引进知名品牌，如奈雪的茶、西西弗书店等，通过对业态、品牌的组合规划，以及与项目所在地段适配，不断吸引客流，增强消费黏性，同时以业态关联度带动项目整体运营效率的提升。

2021 年末，凯德 Mall·西直门估值 36.2 亿元，自 2008 年接手运营以来，资产累计增值 96%，折合年化增长率约 6%。

参考文献

[1] 蔡建春，刘俏，张峥，等. 中国 REITs 市场建设[M]. 北京：中信出版集团，2020.

[2] 陈燕莉. 推动城市更新视角下盘活存量资产研究[J]. 前沿理论，2019(2)：1-5.

[3] 陈益刊. 223 城市上半年财政大数据：13 城有盈余，杭州自给率第一[N]. 第一财经日报，2021-10-15(A10).

[4] 范志仁. 闲置在基层的政府固定资产管理现状及对策[J]. 现代经济信息，2015(12)：208，210.

[5] 高旭华，修逸群，高仪. REITs 颠覆传统地产的金融模式[M]. 北京：中信出版集团，2021.

[6] 顾玉萍. 权责发生制下政府交通基础设施类资产会计核算[J]. 财会通讯，2015(25)：70-73.

[7] 关于推进基础设施领域不动产投资信托基金(REITs)试点相关工作的通知[EB/OL]. 中华人民共和国中央人民政府，http：//www.gov.cn/zhengce/zhengceku/2020-05/03/content_5508587.htm，2020-04-30.

[8] 国务院办公厅关于进一步盘活存量资产扩大有效投资的意见[EB/OL]. 中华人民共和国中央人民政府，http：//www.gov.cn/zhengce/content/2022-05/25/content_5692190.htm，2022-05-25.

[9] 胡李鹏，樊纲，徐建国. 中国基础设施存量的再测算[J]. 经济研究，2016(8)：172-186.

[10] 吉富星. 关于政府资产负债管理框架的研究[J]. 财务与会计，2015(1)：53-56.

[11] 金戈. 中国基础设施与非基础设施资本存量及其产出弹性估算[J]. 经济研究，2016(5)：41-56.

[12] 李健飞. 美国房地产信托基金研究及对我国的启示[J]. 国际金融研究，2005(1)：48-53.

[13] 李雪灵，王尧. 基础设施投资管理中的 REITs：现状、问题及应对策略[J]. 山东社会科学，2021(10)：77-83.

[14] 林华. 中国 REITs 操作手册[M]. 北京：中信出版集团，2022.

[15] 罗福凯，孙菁. 我国政府资本存量的性质、特征与核算：改进政府资产负债表编制的思考[J]. 开放导报，2015(6)：102-105.

[16] 邵可一，陈素娟. 国有企业盘活存量资产的有效对策探讨[J]. 财务审计，2019(7)：170-176.

[17] 王开，董德志. 海外 REITs 发展经验：规律与借鉴[J]. 国际金融，2022(6)：36-44.

[18] 王小鲁. 土地财政的昨天、今天和明天[EB/OL]. 爱思想，http://www.aisixiang.com/data/138457.html，2022-11-28.

[19] 王艳波. 公募 REITs 在高速公路领域的应用研究[D]. 广州：广州大学，2022.

[20] 王泽霞，江乾坤. 自然资源资产负债表编制的国际经验与区域策略研究[J]. 商业会计，2014(17)：6-10.

[21] 杨大楷，刘伟. 国外信托业发展研究[J]. 当代财经，2000(4)：43-45.

[22] 殷勇. 做好基础设施领域 REITs 工作的几点思考[J]. 中国金融，2020(23)：12-14.

[23] 俞锋，李海龙. 商事信托的现代勃兴与监督困境[J]. 浙江金融，2012(7)：60-65.

[24] 张寒燕. 房地产投资信托(REITs)研究[D]. 北京：中国社会科学院研究生院，2005.

[26] 张宏婧，韩乔琳. 政府资产的分类及会计计量问题研究[J]. 会计之友，2016(20)：92-95.

[27] 张媛. 政府资产计价相关问题探讨[J]. 广西财经学院学报，2006(4)：36-40.

[28] 中国人民银行货币政策委员会召开 2022 年三季度例会[EB/OL]. 中华人民共和国中央人民政府，http://www.gov.cn/xinwen/2022-09/29/content_5713902.htm，2022-09-29.

[29] 中华人民共和国国民经济和社会发展第十四个五年规划和 2035 年远景目标纲要[EB/OL]. 中华人民共和国中央人民政府，http://www.gov.cn/xinwen/2021-03/13/content_5592681.htm，2021-03-13.

[30] 朱发仓，祝欣茹. 中国基础设施资本存量净额与固定资本消耗估计研究[J]. 数量经济技术经济研究，2020(6)：70-88.